Daniel Kuehnhenrich

# Entwicklung oder Profit?
# Die staatliche und private Presse in Ghana

Daniel Kuehnhenrich

# ENTWICKLUNG ODER PROFIT?

## Die staatliche und private Presse in Ghana

*ibidem*-Verlag
Stuttgart

**Bibliografische Information der Deutschen Nationalbibliothek**
Die Deutsche Nationalbibliothek verzeichnet diese Publikation in der Deutschen Nationalbibliografie; detaillierte bibliografische Daten sind im Internet über http://dnb.d-nb.de abrufbar.

**Bibliographic information published by the Deutsche Nationalbibliothek**
Die Deutsche Nationalbibliothek lists this publication in the Deutsche Nationalbibliografie; detailed bibliographic data are available in the Internet at http://dnb.d-nb.de.

∞

Gedruckt auf alterungsbeständigem, säurefreien Papier
Printed on acid-free paper

ISBN-13: 978-3-8382-0304-1



Printed in Germany

Obisafoɔ nto kwan.
Wer Fragen stellt, kommt nicht von seinem Weg ab.
– Sprichwort der Akan

## Zusammenfassung

Diese Studie vergleicht die staatliche und private Presse im westafrikanischen Ghana hinsichtlich ihres Journalismusverständnisses und ihrer politischen Ausrichtung. Dabei soll geklärt werden, ob die Zeitungen dem Entwicklungsjournalismus oder dem Journalismus westlicher Prägung näher stehen. Mittels eines Multi-Methoden-Ansatzes bestehend aus einer Inhaltsanalyse von vier Tageszeitungen, der ersten quantitativen Journalistenbefragung in Ghana, teilnehmenden Beobachtungen in zwei Redaktionen und qualitativen Befragungen zweier Chefredakteure konnte ein umfassendes Bild der ghanaischen Presselandschaft erstellt werden. Die Studie kommt zu dem zentralen Ergebnis, dass sich die staatlichen Zeitungen am Entwicklungsjournalismus orientieren, während die privaten zum westlichen Journalismusverständnis neigen. Außerdem berichtet die staatliche Presse tendenziell regierungsfreundlich, während die Mehrheit der privaten Zeitungen der gegenwärtigen Oppositionspartei *New Patriotic Party* (NPP) nahe steht. Diese Unterschiede liegen in erster Linie in der zwischen 1992 und 2000 unter der Regierung Rawlings' entstandenen Medienstruktur begründet: Die staatlichen Zeitungen fungierten als Verlautbarungsorgane der Regierung, die privaten gaben die Sicht der Opposition wieder. Trotz einer deutlichen Annäherung prägt dieses Strukturmerkmal die ghanaische Presselandschaft bis heute.

## Abstract

This study compares state-owned and private press in the West African country Ghana in terms of their understanding of journalism and their political alignment. The main question is whether newspapers tend to practice development journalism or the concept of journalism prevalent in the Western world. The multi-method approach consisting of the content analysis of four daily newspapers, the first quantitative survey among Ghananian journalists, participant observations in two editorial departments and qualitative interviews with two editors accomplished a comprehensive overview of the Ghanaian press system. The overall results indicate that state-owned newspapers tend towards development journalism whereas private papers lean to the concept of Western journalism. Furthermore the state-owned press favours pro-government coverage, whilst the majority of private papers usually support the New Patriotic Party (NPP), the current opposition. These differences originate in the media structure established during the Rawlings government between 1992 and 2000. State-owned newspapers served as the official communication channel of the government and the private press took a stand for the views of the opposition. Despite a considerable convergence this structural pattern shapes the Ghanaian press system still today.

## Vorwort

Das vorliegende Buch markiert den Abschluss eines Abenteuers, dass am 30. August 2009 in Accra begann und an dessen Start vor allem das Ungewisse stand. Westliche Kommunikationswissenschaftler haben die Medien Afrikas lange Zeit nicht beachtet und die Ergebnisse afrikanischer Forscher sind in Europa kaum zugänglich.

Doch genauso, wie ich nach einiger Zeit verstand, wie ich mich am besten mit dem *Tro-Tro* fortbewegen kann, gewann ich einen Überblick über die Presse und die Arbeitsweise der Journalisten. Daran waren viele Personen beteiligt, die mir die Besonderheiten der ghanaischen Medien und Kultur erklärten. Dazu zählen insbesondere Ransford Tetteh, Breda Atta-Quayson und Emmanuel Amoako vom *Daily Graphic*, Fortune G. Alimi und Frank Muzzo vom *Daily Guide*, Prof. Dr. Audrey Gadzekpo von der Universität von Ghana, Michael Hasenpusch vom Deutschen Entwicklungsdienst und Theophilus Tetteh von der *National Media Commission* sowie die Mitarbeiter des *Daily Graphic* und *Daily Guide*. Meine Wohngemeinschaft im Elephant Walk 12 in Kokomlemle, Accra, war der ideale Rückzugsort um mit meinen Mitbewohnern die Eindrücke zu verarbeiten und einzuordnen. Der Deutsche Akademischen Austauschdienst finanzierte meinen Aufenthalt in Ghana mit einem Stipendium und die Stiftung zur Förderung von Ausbildung und Studium unterstützte mich während der Auswertung finanziell.

In Mainz stand ich vor der Herausforderung, die Datenmengen und Erlebnisse zu analysieren und zu sortieren. Hierbei stand mir besonders Prof. Dr. Jürgen Wilke vom Institut für Publizistik der Universität Mainz mit seiner langjährigen Expertise zur Seite. Auch erfuhr ich von Prof. Dr. Matthias Krings, Jan Beek und Claudia Böhme vom Institut für Ethnologie und Afrikastudien Unterstützung. Bei der Gestaltung des Buches waren Valerie Lange vom *ibidem-Verlag* und Constantin Sturm eine große Hilfe. Moralische Unterstützung erhielt ich von Marsida Lluca, meinen Eltern und meinem Bruder.

Drei Personen möchte ich einen ganz besonderen Dank aussprechen: Heiko Fleschen für die Bildbearbeitung, Buchgestaltung und ein allzeit offenes Ohr, Volker Lindhauer für alle Ratschläge, Ideen, statistische Raffinessen und Debatten in- und außerhalb des *Compound* und Judith, weil sie immer da ist.

Mainz, im Dezember 2011 Daniel Kuehnhenrich

# Inhaltsverzeichnis

# Abbildungsverzeichnis

# Abkürzungsverzeichnis

| | |
|---|---|
| CDD-Ghana | *Ghana Center for Democratic Development* |
| CPP | *Convention People's Party* |
| GBC | *Ghana Broadcasting Corporation* |
| GIJ | *Ghana Institute of Journalism* |
| GJA | *Ghana Journalist Association* |
| GNA | *Ghana News Agency* |
| GSS | *Ghana Statistical Service* |
| HDI | *Human Development Index* |
| NDC | *National Democratic Congress* |
| NLC | *National Liberation Council* |
| NMC | *National Media Commission* |
| NPP | *New Patriotic Party* |
| NRC | *National Redemption Council* |
| PNDC | *Provisonal National Defense Council* |
| PNP | *People's National Party* |
| PP | *Progress Party* |
| PPP | Kaufkraftparität (*Purchasing power parity*) |
| UGCC | *United Gold Coast Convention* |
| WAN | *World Association of Newspapers and News Publishers* |

# 1 Einleitung

Fährt man in einem Taxi oder einem *Tro-Tro* – ein Kleinbus und wichtigstes Transportmittel im westafrikanischen Ghana – durch die hektischen Straßen der Hauptstadt Accra, erhält man bereits an der ersten roten Ampel einen Blick auf die Schlagzeilen des Tages. Eilig verkaufen Straßenhändler die aktuellen Zeitungen zwischen den wartenden Autos, auch wenn diese Tätigkeit gefährlich und offiziell verboten ist. Gleichzeitig hört man, wie im Radio gerade diese Schlagzeilen diskutiert werden. Am Knotenpunkt der Hauptstadt, dem Kwame Nkrumah Circle, oder den großen *Tro-Tro*-Stationen wie der Tema oder Kaneshie Station reiht sich ein Kiosk an den anderen, vor dem die Menschen die Nachrichten des Tages studieren.

Die Präsenz der Zeitung im Stadtbild illustriert die Bedeutung der Presse. Besonders außerhalb der Städte sind der Hörfunk und auch das Fernsehen im Alltag der ghanaischen Bevölkerung zwar wesentlich präsenter. Jedoch haben sich die Zeitungen und Zeitschriften ihren Platz im Mediensystem erkämpft und behaupten ihn. Seine besondere Bedeutung erlangt das älteste Massenmedium des Landes dadurch, dass es sich an die urbane Mittel- oder Oberschicht und somit an die ghanaische Elite wendet. Der Presse kann folglich die Funktion eines Leitmediums zugeschrieben werden. Besonders im Wahlkampf wird dies deutlich, wenn viele kleinere Zeitungen, die sich oft nicht wesentlich von Flugschriften unterscheiden, neu erscheinen, um an der politischen Auseinandersetzung teilzunehmen.

Gerade während des Wahlkampfs von 2008 und insbesondere nach der Wahl zeigte sich, dass Ghana seine demokratische Reifeprüfung bestanden hat. Bereits der demokratische und friedliche Regierungswechsel von 2000 war für afrikanische Verhältnisse eine Besonderheit. Die vergangene Wahl ging jedoch mit einem Unterschied von 40 586 Stimmen denkbar knapp aus. Trotzdem blieb die Situation friedlich und der Verlierer Nana Akufo-Addo gratulierte dem neuen Präsident John Atta Mills fair zu seinem Sieg. Die Bedeutung dieses Ereignisses wird deutlich, wenn man es mit der ebenfalls knappen Präsidentschaftswahl von 2007 in Kenia vergleicht. Bei gewalttätigen Ausschreitungen nach Verkündung des Ergebnisses wurden dort bis zu 1500 Menschen getötet (vgl. BBC 2008). Somit stellt Ghana eine demokratische Ausnahme in Afrika dar. Daneben ist das anhaltende Wirtschaftswachstum von durchschnittlich sechs Prozent zwischen 2005 und 2010 ein weiteres Indiz für den Erfolg des Landes (vgl. IMF 2011).

Allerdings ist Ghana trotz aller Erfolge weiterhin ein Entwicklungsland und kämpft mit den dafür typischen Problemen. Dazu zählt vor allem die anhaltende Armut in weiten Teilen der Bevölkerung. So verfügt knapp ein Drittel der Bevölkerung über weniger als 1,25 US-Dollar pro Tag und acht Prozent gelten als unterernährt (vgl. UNDP 2010a; UNDP 2010c: 174). Des Weiteren ist das Land von internationaler Entwicklungszusammenarbeit abhängig, die mehr als ein Fünftel der Staatseinnahmen ausmacht. Außerdem ist Ghana mit einer anhaltenden Inflation von zuletzt 10,7 Prozent konfrontiert (vgl. IMF 2011; MINISTRY OF FINANCE & ECONOMIC PLANNING 2010).

Wirtschaftliche können zu gesellschaftlichen Konflikten führen. Diese werden in Demokratien meist in einem öffentlichen, von den Medien bereitgestellten Forum ausgetragen. Jedoch können derartige Auseinandersetzungen die Stabilität des Landes und damit auch dessen Entwicklung gefährden. Dieses Spannungsverhältnis zeigt beispielhaft, welche Aufgaben und folglich welches journalistische Selbstverständnis die Medien in Entwicklungsländern haben können. Grundsätzlich unterscheidet man zwischen Entwicklungsjournalismus und Journalismus nach westlichem Verständnis. Der Entwicklungsjournalismus zeichnet sich dadurch aus, dass Staat, Bevölkerung und auch die Medien die Entwicklung des Landes als gemeinsame Ziel erachten. Aus diesem Grund stehen Entwicklungsprojekte und -programme im Vordergrund der Berichterstattung. Außerdem werden Konflikte in der Berichterstattung vermieden, da diese die Stabilität und nationale Einheit gefährden können. Der Journalismus westlicher Prägung kennt keine zentrale gesellschaftliche Zielsetzung. Er soll in erster Linie über Ereignisse informieren, diese interpretieren und Öffentlichkeit herstellen. Daneben gelten die Medien in der westlichen Welt als Kontrollinstanz, weshalb sie häufig als vierte Staatsgewalt bezeichnet werden.

Die ghanaische Presselandschaft besteht aus staatlichen und privaten Zeitungen und Zeitschriften. Aufgrund dieses trennscharfen Merkmals lassen sich die beiden Arten von Journalismusverständnis und deren Hintergründe gut untersuchen. Des Weiteren eignet sich die Presse für eine solche Analyse, da sie als Leitmedium fungiert, an dem sich die anderen Medien häufig orientieren. Daneben sind es praktische Gründe, die eine Untersuchung der Presse insbesondere eine Inhaltsanalyse erleichtern: Alle relevanten Erzeugnisse liegen in gedruckter Form auf Englisch vor und sind in Bibliotheken und Archiven verfügbar. Allerdings wurde nicht die gesamte Presselandschaft untersucht, sondern ausschließlich überregional verbreitete Tageszeitungen. Diese zählen aufgrund ihrer Verbreitung im ganzen Land und der damit einhergehenden Leserschaft zu den wichtigsten Presseerzeugnissen. Außerdem ist das tägliche Erscheinen essentiell um das aktuelle Informationsbedürfnis der Bevölkerung zu befriedigen und somit zur Meinungsbildung beizutragen. Zudem erhöht sich bei gleichen Erscheinungsintervallen die Vergleichbarkeit.

Aus der Struktur der Presselandschaft und den in Entwicklungsländern vorherrschenden Journalismusformen ergibt sich das Forschungsziel dieser Studie. Es besteht darin, die staatlichen und privaten Tageszeitungen miteinander zu vergleichen und zu untersuchen, welches journalistische Selbstverständnis in ihnen vorherrscht. Außerdem wird den Ursachen für die analysierten Unterschiede und Gemeinsamkeiten auf den Grund gegangen. Gleichzeitig bietet die Studie einen Überblick über die aktuelle Situation der ghanaischen Presselandschaft. Da die letzte grundlegende wissenschaftliche Analyse von Hasty (2005) sich hauptsächlich mit der Zeit unter Präsident Jerry John Rawlings in den 1990er Jahren befasst, ist eine solche Aktualisierung aufgrund der veränderten politischen Rahmenbedingungen und der gewandelten Medienlandschaft notwendig.

Diese Studie bedient sich dabei eines Multi-Methoden-Ansatzes. Neben der Analyse von Sekundärquellen wurden Primärdaten mit vier verschiedenen quantitativen und qualitativen Methoden erhoben und untersucht. So wurde eine Inhaltsanalyse der vier wichtigsten Tageszeitungen und eine quantitative Journalistenbefragung in acht Redaktionen durchgeführt. Außerdem wurde mittels einer teilnehmenden Beobachtung für jeweils vier Wochen das alltägliche Redaktionsgeschehen in einer staatlichen und privaten Zeitung untersucht. Diese Beobachtungen wurden durch die qualitative Befragung der beiden Chefredakteure vertieft. Der zur Erhebung der Daten notwendige Feldaufenthalt in Ghana erstreckte sich vom 31. August bis 15. Dezember 2009 und dauerte somit dreieinhalb Monate. Nach einer zweiwöchigen Akklimatisierungs- und Vorbereitungsphase entfielen insgesamt zwei Monate auf die teilnehmende Beobachtung in den Redaktionen des staatlichen *Daily Graphic* und des privaten *Daily Guide*. Danach folgte die Digitalisierung der für die Inhaltsanalyse relevanten Zeitungen im Zeitungsarchiv der *National Media Commission* (NMC), die zwei Wochen in Anspruch nahm. Parallel wurden die Chefredakteure interviewt und die Journalistenbefragung vorbereitet, die in den übrigen drei Wochen durchgeführt wurde. Die Auswertung der erhobenen Daten erfolgte in Deutschland.

Die Studie kann in einen theoretischen und einen empirischen Teil gegliedert werden. In der Analyse des aktuellen Forschungsstandes findet die Untersuchung der Presselandschaft in verschiedenen demokratischen Ländern Afrikas südlich der Sahara spezielle Berücksichtigung, wobei der Fokus auf Ghana liegt. Auf diese Ergebnisse folgt die Herleitung der Forschungsfragen und Hypothesen und es wird erklärt, mit welchen Methoden sie beantwortet und überprüft werden.

Im anschließenden empirischen Teil der Studie erläutert der Verfasser zuerst die gesellschaftlichen Rahmenbedingungen des Mediensystems, um einen Überblick und Orientierung über Ghana zu geben. Das darauf folgende Kapitel beschäftigt sich mit den Medieninhalten und untersucht die inhaltlichen Unterschiede zwischen den staatlichen und privaten Zeitungen mittels einer Inhaltsanalyse. Die beiden weiteren Teile analysieren die Ursachen der sich ergebenden Unterschiede und Gemeinsamkeiten. Dafür untersucht der Verfasser die Medienstruktur und -organisation mittels teilnehmender Beobachtung und qualitativer Befragung. Abschließend wird der Rolle der Journalisten als Medienakteure anhand einer quantitativen Befragung nachgegangen.

# 2 Forschungsstand

Dieses Kapitel präsentiert die für den Vergleich der staatlichen und privaten Presse Ghanas relevanten Theorien und empirischen Befunde aus den Kommunikationswissenschaften und der Medienethnologie.

Im ersten Unterkapitel werden die Begriffe »staatliche Medien« und »private Medien« definiert. Auf die Begründung dieser Vergleichsdimension folgt die Vorstellung der generellen Gemeinsamkeiten und Unterschiede zwischen den beiden Gattungen, wozu auch eine Analyse der wirtschaftlichen, politischen und sozialen Einflüsse auf die Medien zählt. Das zweite Unterkapitel geht auf die Situation in den Entwicklungsländern ein. Dazu werden die für Entwicklungsländer typischen Merkmale des Journalismus analysiert. Zunächst stehen die beiden dort vorherrschenden Vorstellungen von Journalismus – der Entwicklungsjournalismus und der Journalismus westlicher Prägung – im Vordergrund. Daraufhin werden empirische Belege zum Journalismusverständnis in verschiedenen afrikanischen Ländern südlich der Sahara präsentiert. Schließlich werden die bisherigen Studien zu den staatlichen und privaten Medien in Ghana vorgestellt.

## 2.1 Staatliche und privaten Medien im Allgemeinen

### 2.1.1 Begriffsbestimmungen

Das zentrale Merkmal zur Unterscheidung eines staatlichen und privaten Mediums sind die Eigentumsverhältnisse des jeweiligen Mediums. Es gibt zwar Versuche die Unterscheidung anhand anderer Kriterien wie Motive, Ziele oder Funktionen festzumachen. Derartige Definitionen sind jedoch für universelle empirische und insbesondere internationale Vergleiche meist wenig zielführend, denn sie beruhen oft auf normativen Vorstellungen, die entweder stark abstrahieren oder in erhöhtem Maß auf nationale Besonderheiten Rücksicht nehmen. Beides ist einem empirischen Vergleich abträglich. Außerdem stammen sie meist aus der Forschung zum Rundfunk in westlichen Ländern und berücksichtigen keine andere Medien und meist keine Entwicklungsländer (vgl. Thomass 2007: 77–78). Deshalb beschränken sich die folgenden Definitionen auf die Unterscheidung nach den Eigentumsverhältnissen. Dafür müssen die drei Begriffe »Medium«, »staatlich« und »privat« definiert werden.

Der Begriff »Medium« wird von Wilke (2008) aus publizistikwissenschaftlicher Sicht als »jene technischen Mittel […], die zur Verbreitung von Aussagen an ein potentiell unbegrenztes Publikum geeignet sind« (1) definiert. Hierzu zählen folglich »Flugblatt, Plakat, Presse, Buch, Hörfunk, Schallplatte/CD/DVD, Film, Fernsehen, sowie Homepages im Internet« (Burkart 2002: 171–172). Im weiteren Verlauf wird der Medienbegriff auf Presse, Hörfunk, Fernsehen und das *World Wide Web* verkürzt, da die anderen Mediengattungen für die Untersuchung nicht relevant sind.

Das Adjektiv »staatlich« leitet sich vom Substantiv »Staat« ab. Schmidt (1995) definiert »Staat« als

> »die öffentlich-politischen Institutionen zur Regelung der gemeinschaftlichen Angelegenheiten eines Gemeinwesens, insb. […] der Aufgaben und Kompetenzen der mit der Gesetzgebung, Regierung und Verwaltung und Rechtssprechung beauftragten Einrichtungen […]. Hiermit verwandt […] sind die Auffassungen vom S. als der Gesamtheit der Staatsgewalten.« (896).

Im *Duden* wird der Begriff »privat« als »nicht offiziell, nicht öffentlich, außeramtlich« (Dudenredaktion 2010: 848) definiert. Folglich fungieren »staatlich« und »privat« als Gegensätze.

Daraus folgt für die weitere Untersuchung:

**Definition »staatliche Medien«**
Staatliche Medien sind technische Verbreitungsmittel wie Presse, Hörfunk, Fernsehen und *World Wide Web*, die im Eigentum einer Institution stehen, die mindestens eine Staatsgewalt (Exekutive, Legislative, Judikative) ausübt oder die ausschließlich Aufgaben ausführt, zu denen sie von mindestens einer Staatsgewalt beauftragt wurde.

**Definition »private Medien«**
Private Medien sind jene Medien, die sich nicht im Eigentum des Staates befinden.

Die gewählte Definition der staatlichen Medien ist unabhängig von dem Regierungseinfluss und orientiert sich ausschließlich am Eigentum. Dadurch können die beiden Medienarten trennscharf unterschieden werden. Nach dieser Definition zählen zu den staatlichen Medien z. B. Zeitungen, die sich im Besitz einer autoritären Regierung befinden, wie *The Herald* aus Simbabwe, aber auch für ihre Unabhängigkeit bekannte Rundfunkanstalten wie die BBC. Somit werden auch Medien, die man als »öffentlich-rechtlich« oder *»public-service«* bezeichnet, zu den staatlichen Medien gerechnet. Diese Definition folgt der in der Publizistik und Medienethnologie üblichen Vorgehensweise, wie beispielsweise HASTY (2005) und auf internationaler Ebene DJANKOV ET AL. (2003) verdeutlichen. Aber auch im rechtlichen Rahmen wird in den subsaharischen Verfassungen häufig der Begriff »staatliches Medium« verwendet (vgl. 1992 CONSTITUTION OF GHANA 1996: Art. 163, 168; 1995 CONSTITUTION OF UGANDA 2005: Art. 67). Entsprechend dieser Definition zählen die beiden größten ghanaischen Tageszeitungen *Daily Graphic* und *Ghanaian Times* zu den staatlichen Medien.

Private Zeitungen stehen im Eigentum von Privatpersonen, Unternehmen, den Verbänden der Tarifparteien, politischen Parteien, Religionsgemeinschaften oder Nichtregierungsorganisationen. Ein Beispiel für diese Medienform ist die ghanaische Tageszeitung *Daily Guide*, die sich im Besitz des Unternehmens *Western Publications Ltd.* befindet.

Des Weiteren ist es notwendig, die Gruppe der überregionalen Tageszeitungen zu definieren, da auf ihr der Fokus dieser Studie liegt.

**Definition »Überregionale Tageszeitungen«**
Überregionale Tageszeitungen sind Druckerzeugnisse, die mindestens fünfmal pro Woche erscheinen, in Ghana produziert werden und in Accra vom 31. August bis 15. Dezember 2009 an Kiosken frei verkäuflich waren. Sie berichten auf Englisch und behandeln Themen von nationaler Bedeutung.

Zu dieser Gruppe zählen insgesamt neun Zeitungen: Die staatlichen *Daily Graphic* und *Ghanaian Times*, die beiden größten privaten Zeitungen *Chronicle*, *Daily Guide* sowie die ebenfalls privaten *Daily Dispatch, New Crusading Guide, Daily Democrat*, *Daily Post* und *Daily Searchlight.*

Einige dieser Zeitungen sind nur im Großraum der Hauptstadt Accra erhältlich und andere gelangen nur mit Verspätung in die anderen Landesteile. Die private Zeitung *Pioneer* hingegen erscheint nur in der Ashanti Region und behandelt hauptsächlich für diesen Landesteil relevante Themen, weshalb sie in dieser Studie nicht zu den überregionalen Zeitungen gerechnet wird. Eine detaillierte Analyse des Pressmarkts findet sich in Kapitel 6.

### 2.1.2 Wirtschaftliche Einflüsse auf staatliche und private Medien

Alle Medien sind auf verschiedene Arten von Ressourcen angewiesen. Sie benötigen unter anderem Personal sowie physisches und finanzielles Kapital um Inhalte produzieren zu können. Diese Produktionsfaktoren verursachen sowohl in der Beschaffung als auch im Unterhalt Kosten. Während des Wertschöpfungsprozesses fallen ebenfalls Kosten an, denn die Medieninhalte müssen durch einen Journalisten oder bei einer Nachrichtenagentur beschafft werden. Bei einer Zeitung fallen zusätzliche Druck- und Vertriebskosten an. Hinzu kommen bei allen Medien Kosten für die Verwaltung und den Unterhalt. Manche Medien betreiben außerdem Eigenwerbung, die reale oder andere Opportunitätskosten[1] verursacht. Kein Medium kann dauerhaft existieren, ohne dass seine Kosten gedeckt sind (vgl. BEYER/CARL 2004: 65–66). Es benötigt eine solide Finanzierung und ist somit »grundsätzlich geldabhängig« (ALTMEPPEN 2004: 510). Zur Finanzierung der Ressourcen und der Kosten muss ein Medium folglich Einnahmen generieren.

### Medien auf dem Wettbewerbsmarkt

Zunächst wird angenommen, dass alle Medien – staatliche und private – diese Einnahmen nur durch Erfolg auf dem Wettbewerbsmarkt erwirtschaften können. Besonders für private Medien stimmt diese Annahme, für staatliche Medien trifft sie nur eingeschränkt zu. Aus diesem Grund wird die Annahme auch später wieder aufgehoben.

Bevor die Wirkung des Marktes auf die Medien analysiert werden kann, wird auf einige Besonderheiten eingegangen, die die Medien von anderen Gütern unterscheiden.

Medien sind meist duale Güter und agieren somit auf zwei Märkten. Als Informations- und Unterhaltungsgut sind sie auf dem Rezipientenmarkt aktiv, während sie auf dem Anzeigenmarkt Raum für die werbetreibende Wirtschaft zur Verfügung stellen. Hier kann es zu Zielkonflikten zwischen den beiden Märkten kommen, wodurch unter Umständen Inhalte beeinflusst werden können. So sind z. B. Rezipienten an kritischer Berichterstattung über Unternehmen interessiert, während dies den Interessen eines Werbekunden zuwider laufen kann. Ein bedeutender Anzeigenkunde kann so möglicherweise Einfluss auf die Inhalte nehmen[2].

Des Weiteren ist die Medienproduktion von einer hohen Stückkostendegression geprägt. Dies liegt einerseits daran, dass sich die Medienproduktion durch sehr hohe Fixkosten auszeichnet. Dazu zählen insbesondere Personal- oder Miet-

---

1 »Wert des entgangenen Gutes oder der entgangenen Dienstleistung.« (SAMUELSON/NORDHAUS 1998: 866).

2 Ein Beispiel dafür ist die Entlassung einer Journalistin der Zeitung *Badische Neueste Nachrichten* nach einem kritischen Bericht über den Discounter *Lidl* (s. LICHTERBECK 2005).

kosten, die nicht von der produzierten Stückzahl abhängen, sondern mittel- oder langfristig unveränderlich sind. Damit einher gehen hohe Gesamtkosten bei der Produktion des Urstückes *(first copy costs)*. Andererseits stehen den hohen Fixkosten sehr niedrige variable Kosten gegenüber. Die Kosten um beispielsweise eine zusätzliche Zeitung zu produzieren belaufen sich lediglich auf Papier- und Druckkosten. Im Rundfunk entstehen keinerlei zusätzliche variable Kosten, wenn ein weiterer Rezipient den Sender empfängt. Da sich nun die Fixkosten bei jedem zusätzlichen Rezipienten auf eine größere Anzahl verteilen und die variablen Kosten verschwindend gering sind, sinken die Stückkosten kontinuierlich bei jedem zusätzlichen Rezipienten (vgl. Beyer/Carl 2004: 10–11).

Ferner ist die Qualität eines Medienproduktes nur schwer zu bestimmen und kann vom Rezipienten vor dem Konsum nicht eingeschätzt werden. Erst danach kann er feststellen, ob er mit dem Produkt zufrieden ist. In diesem Moment hat er aber meist kein Interesse mehr, das Gut zu erwerben. Des Weiteren existieren keine objektiv messbaren Qualitätskriterien und die Berichterstattung kann nur mit großem Aufwand vom Rezipienten überprüft werden. Folglich verfügt das Medienunternehmen über einen entscheidenden Informationsvorsprung gegenüber den Rezipienten, es liegen asymmetrische Informationen vor. Dies kann dazu führen, dass sich ein Medienprodukt mit geringerer Qualität bei sonst gleichen Eigenschaften wie dem Preis gegen ein qualitativ höherwertiges durchsetzt. Erst bei wiederholtem Konsum kann der Rezipient die Qualität einschätzen. Deshalb spricht man bei Medienprodukten von Erfahrungs- und Vertrauensgütern (vgl. Akerlof 1970: 489–492; Beyer/Carl 2004: 14–15).

Diese Eigenschaften sind entscheidend dafür, dass es auf dem Medienmarkt eher zu einem Kosten- als zu einem Qualitätswettbewerb kommt. Dies bedeutet, dass die Medienunternehmen bei gegebener Qualität der Inhalte in erster Linie versuchen die Kosten zu reduzieren. Der Grund liegt einerseits darin, dass die Stückkostendegression und die Dualitätseigenschaft große Stückzahlen bevorteilen. Somit erhöhen sich z. B. bei einer Zeitung der Gesamtgewinn und der Gewinn pro Stück bei jedem zusätzlich verkauften Exemplar. Außerdem ist es für Anzeigenkunden interessanter in einem Medium zu werben, das viele Rezipienten erreicht. Bei einem gegebenen Anzeigenpreis sinkt der Tausender-Kontakt-Preis[3] mit steigender Rezipientenzahl, wodurch das Medium lukrativer wird. Wenn ein Medienunternehmen seinen Rezipientenkreis durch Verbesserung der Qualität z. B. durch das Einstellen zusätzlicher Journalisten erhöhen will, ist dies ein riskantes Unterfangen, da die Qualitätsverbesserung nur schwer

3 »Preismaßstab auf den Werbemärkten, der eine Messgröße für den Preis eines bestimmten Werberaums je 1000 Kontakte darstellt« (Sjurts 2004: 572).

einzuschätzen ist und möglicherweise unbemerkt bleibt. In diesem Fall würde die Investition die Zahl der Konsumenten nicht erhöhen. Währenddessen würden Entlassungen bei in etwa gleichbleibender Qualität Kosten einsparen, so dass der Verkaufs- oder Anzeigenpreis reduziert werden könnte. Dies würde eher zu Mehreinnahmen führen, da diese Produktmerkmale leicht und objektiv wahrnehmbar sind. Somit wird der »ökonomische Wettbewerb kein Wettbewerb um bessere Qualität, sondern ein Wettbewerb um billigere Produktion, also überwiegend ein *Kostenwettbewerb*« (HEINRICH 2001: 108, Herv. i. O.).

Nun stellt sich die Frage, wodurch die Rückkopplung vom Kostenwettbewerb auf den Journalismus im Detail gekennzeichnet wird. Dass ein Einfluss existiert, wird in der Publizistikwissenschaft nicht bestritten, jedoch gibt es keine aussagekräftigen empirischen Ergebnisse zur Art des Einflusses (vgl. ALTMEPPEN 2004: 503–505; KIEFER 1997: 54–55). Allerdings liefert die Systemtheorie plausible Erklärungen, wie ein solcher Einfluss aussehen kann.

Nach der Systemtheorie von LUHMANN (1994) haben soziale Systeme die »Fähigkeit, Beziehungen zu sich selbst herzustellen und diese Beziehungen zu differenzieren gegen Beziehungen zu ihrer Umwelt« (vgl. 31). Das Verhältnis zwischen dem selbstreferentiellen System und seiner Umwelt, die »einfach ›alles andere‹« (vgl. LUHMANN 1994: 249) ist, steht im Zentrum der Systemtheorie. Demzufolge stellen die Massenmedien bzw. der Journalismus, aber auch die Wirtschaft, die Politik oder das Recht einzelne Systeme dar, die die jeweiligen anderen Systeme als ihre Umwelt betrachten. Zwischen einem System und seiner Umwelt kann es zu einem Austausch von Kommunikation kommen. Ein weiterer Kern der Theorie ist die Autopoiesis oder Selbstproduktion. Demnach produziert ein System Operationen, mit deren Hilfe es sich selbst erhält (vgl. LUHMANN 1994: 30–91; MARCINKOWSKI 1993: 146–150).

Die Massenmedien als soziales System stehen somit einer Umwelt bestehend aus anderen Systemen wie der Wirtschaft bzw. dem Wettbewerbsmarkt gegenüber. Ihre selbsterhaltende Operation ist die Veröffentlichung von Informationen. Wenn es nun im System Markt und damit in der Umwelt der Massenmedien zu Veränderungen kommt, kann es für die Massenmedien notwendig sein darauf zu reagieren, indem sie ihre Operationen an die veränderten Umweltbedingungen anpassen. Da entsprechend der zuvor getroffenen Annahmen alle Medien ihre Ressourcen lediglich durch Markterfolg finanzieren können, sind Modifikationen im System Wirtschaft bedeutsam für die Massenmedien und können dementsprechend zu substantiellen Anpassungen führen.

Vor der Veröffentlichung einer Ausgabe oder der Ausstrahlung einer Sendung müssen wichtige Entscheidungen getroffen werden. Die vorhandenen Ressourcen müssen verteilt und interne Verfahrens- und Entscheidungsregeln müssen festgelegt werden. Um diese Einflüsse zu analysieren ist es notwendig anstatt der System- die Organisationsebene zu analysieren. Aufgrund der oben genannten Geldabhängigkeit der Medien hat der Markt auf dieser Ebene einen größeren Einfluss darauf, ob beispielsweise Journalisten weiterbeschäftigt werden können oder entlassen werden müssen. Dies wirkt sich wiederum auf die Inhalte aus, es wird beispielsweise weniger intensiv recherchiert oder bestimmte Ressorts fallen ganz weg. Somit wird deutlich, dass der Markterfolg über die Verteilung der personellen, sachlichen und zeitlichen Ressourcen die Arbeit der Journalisten beeinflusst. Allerdings muss noch empirisch überprüft werden, ob der Wettbewerb nur über die Ressourcen auf die Berichterstattung einwirkt oder auch direkt die Inhalte bestimmter Artikel oder Beiträge beeinflusst (vgl. Altmeppen 2004: 506–514).

### Effekte der staatlichen Eigentümerschaft

Es wurde beschrieben, wie der Markt auf die Inhalte eines Mediums wirkt. Da die Marktkräfte auf staatliche Medien nur eingeschränkt wirken, wird die Annahme, dass sich alle Medien ausschließlich durch ihren Markterfolg finanzieren, nun aufgehoben.

Der Wettbewerbsdruck auf die staatlichen Medien wird durch die Eigentümerschaft des Staates reduziert. Dies wird meist durch eine zusätzliche Finanzierungsquelle neben dem Rezipienten- und Anzeigenmarkt erreicht. Dabei gibt es verschiedene Möglichkeiten:

- *Finanzierung aus dem Regierungshaushalt:* In diesem Falle finanziert die Regierung aus ihrem Haushalt das gesamte oder zumindest Teile des Budget des Mediums. Beispiel: *All India Radio* und die *Deutsche Welle.*
- *Finanzierung durch Gebühren:* Hier wird von einem bestimmten Bevölkerungkreis ein Betrag erhoben und direkt an das jeweilige Medium weitergeleitet. Beispiel: *South African Broadcasting Corporation* und das ZDF.

Die meisten staatlichen Medien profitieren von dieser zusätzlichen Finanzierungsquelle, müssen aber ebenso auf dem Markt Einnahmen erzielen. Jedoch können sie sich in gewisser Weise dem Kostenwettbewerb entziehen und verstärkt qualitativ-hochwertige, aber ökonomisch betrachtet weniger lukrative Inhalte produzieren. Meist werden den staatlichen Medien in den jeweiligen Mediengesetzen Richtlinien vorgegeben, innerhalb derer sie Inhalte produzieren. So muss z. B. der staatliche japanische Fernsehsender *NHK* per Gesetz ein Frühwarnsystem für Naturkatastrophen unterhalten (vgl. Yamada 2004: 10–11). Über die Einhaltung dieser Richtlinien wachen oftmals Kontrollorgane (vgl. Thomass

2007: 77–80). Andere staatliche Medien, die nicht von den genannten Quellen profitieren, müssen sich zwar dem Wettbewerb stellen, häufig werden ihnen aber trotzdem Auflagen für ihre Inhalte vorgegeben.

Allerdings muss ebenfalls beachtet werden, dass die Eigentümer privater Medien auch Leitlinien oder Rahmenbedingungen für die Berichterstattung in ihrem Medium festlegen. Nichtsdestotrotz müssen sich private Medien am Markt bewähren, sonst verschwinden sie von diesem. Diese Gefahr der Bestrafung durch den Markt besteht bei staatlichen Medien nur eingeschränkt.

## Empirische Befunde

Es ist davon auszugehen, dass sich die Inhalte von staatlichen und privaten Medien voneinander unterscheiden. Während die privaten Medien in erster Linie auf kommerziellen Erfolg setzen, müssen die staatlichen Medien ihrem gesetzlichen Auftrag nachkommen. Im Folgenden werden diese Unterschiede zwischen staatlichen und privaten Medien anhand mehrerer international vergleichender Rundfunkstudien verdeutlicht. Allerdings betrachten die vorgestellten Analysen ausschließlich die westliche Welt.

Die Aufgaben des staatlichen Rundfunks in Europa, Nordamerika und Australien ähneln sich sehr. Dazu gehören eine landesweite Versorgung mit Informations-, Kultur-, Bildungs- und Unterhaltungsangeboten, die Herstellung von Öffentlichkeit, die inländische Produktion der Inhalte und die Berücksichtigung regionaler Eigenheiten (vgl. KLEINSTEUBER/WIESNER/WILKE 1991: 37). KLEINSTEUBER/WIESNER/WILKE untersuchen das Angebot der staatlichen und privaten Fernsehsender in Dänemark, der Bundesrepublik Deutschland, Italien, Großbritannien, Frankreich und Belgien. Dabei zeigt sich in allen Ländern außer Dänemark und Großbritannien, dass bei den staatlichen Sendern der Anteil an Nachrichten- und Informationsangeboten überwiegt. Die privaten Sender strahlen hingegen in allen untersuchten Ländern ein höheres Angebot an Unterhaltung, Filmen und Serien aus. Auch strahlen Privatsender im Vergleich zu staatlichen Sendern in Großbritannien, der Bundesrepublik, Frankreich und Italien verstärkt US-Produktionen aus. Beide Ergebnisse zeigen, dass sich die beiden Medientypen voneinander unterscheiden und dass die staatlichen Medien versuchen ihrem Programmauftrag nachzukommen (vgl. KLEINSTEUBER/WIESNER/WILKE 1991: 39–41). Zu einem ähnlichen Ergebnis kommen KLEINSTEUBER/ROSSMANN (1994) für die Bundesrepublik, Italien, Großbritannien und Frankreich (vgl. 281–319). Eine Ausnahme stellt Australien dar. Dort dominieren die privaten Medien das Angebot an Nachrichten-, Informations-, Kultur-, Kinder- und Jugendsendungen (vgl. MATTERN/KÜNSTNER/ZIRN 1998: 27–31).

### 2.1.3 Politische und soziale Einflüsse auf staatliche und private Medien

Zuvor wurde anhand theoretischer und empirischer Ergebnisse gezeigt, dass eine Unterscheidung der Medien nach ihrer Eigentümerschaft sinnvoll ist und dieser Faktor einen messbaren Einfluss auf die Medieninhalte hat. Allerdings ist eine aussagekräftige Untersuchung der beiden Medienformen nur möglich, wenn auch ihre Umwelt analysiert wird. Dazu gehören besonders die politischen und sozialen Rahmenbedingungen.

#### Mediensystemklassifikationen

Die vergleichende Medien- und Kommunikationswissenschaft hat bereits in ihrer Frühphase unterschiedliche Mediensysteme nach verschiedenen Mustern klassifiziert. Diese Medienklassifikationen können Aufschluss darüber geben, inwiefern die politischen und gesellschaftlichen Rahmenbedingungen auf die Medieninhalte wirken.

Siebert/Peterson/Schramm (1963) stellen die erste Klassifikation von Mediensystemen auf. Dabei unterscheiden sie vier Systeme: das autoritäre, liberale, sozialverantwortliche und sowjetisch-kommunistische System. Diese Einteilung beruht weitestgehend auf ideologisch-philosophischen Kriterien. Die Autoren gehen davon aus, dass »the press always takes on form and coloration of the social and political structures within which it operates« (Siebert/Peterson/Schramm 1963: 1).

Allerdings wurde der ideologische und normative Ansatz besonders kritisiert, da die Autoren lediglich von den jeweiligen philosophischen Theorien auf das soziale und politische System schließen. Eine empirischen Überprüfung der Zusammenhänge findet nicht statt. Des Weiteren spiegelt die Theorie hauptsächlich die nordamerikanische Perspektive wider. Auf die westeuropäischen Erfahrungen z. B. im Rundfunk ist sie nicht anwendbar (vgl. Hallin/Mancini 2004: 7–10; McQuail 1994: 131–133).

Aus diesem Grund wollen Hallin/Mancini (2004) ein neues empirisch überprüfbares Modell aufstellen. Sie wählen zwar einen ähnlichen Ansatz wie Siebert/Peterson/Schramm, d. h. die politischen und sozialen Strukturen bestimmen die Merkmale des Mediensystems, allerdings gehen Hallin/Mancini nicht von einem unilinearen Zusammenhang aus, sondern auch von Wechselwirkungen zwischen Medien- und Sozialsystem. Dabei ist eines ihrer Hauptziele das Verhältnis zwischen den institutionellen Strukturen und journalistischen Werten wie Vielfalt, Unabhängigkeit, Offenheit, Wahrheit und sorgfältige Recherche zu analysieren (vgl. Hallin/Mancini 2004: 7–15). Gerade dieser Umstand macht ihre Theorie für die weitere Untersuchung interessant, da diese journalistischen Werte einen Bezug zu den Medieninhalten und -akteuren herstellen.

Die Autoren stellen in ihrer Untersuchung vier Dimensionen für das Mediensystem und sechs für dessen politischen Kontext auf. Anhand der Ausprägungen entwickeln sie drei Modelle für die Mediensysteme in Nordamerika und Westeuropa. An dieser Stelle werden lediglich die Dimensionen vorgestellt, die später zur Klassifizierung des ghanaischen Mediensystems verwendet werden.

*Struktur der Massenpresse:* Dabei ist besonders das Verhältnis der Zeitung zur Leserschaft und die Marktstruktur von Bedeutung. Beim Verhältnis zur Leserschaft kann zwischen horizontalem und vertikalem Prozess unterschieden werden. Der vertikale Prozess zeichnet sich dadurch aus, dass die Zeitungen zwischen der gesellschaftlichen Elite und dem Normalbürger vermitteln. Dagegen kommt es im horizontalen Prozess zu einem Austausch auf Ebene der Elite. Die Marktstruktur ist von ihrer Vielschichtigkeit gezeichnet. Damit sind ein Nebeneinander von unterschiedlichen Zeitungstypen wie Qualitäts- und Boulevard- sowie nationale, regionale oder lokale Zeitungen gemeint (vgl. HALLIN/MANCINI 2004: 22-26).

*Politischer Parallelismus:* Parallelismus bedeutet in diesem Fall, dass das Mediensystem in seiner Struktur das politische System, insbesondere das Parteiensystem, widerspiegelt. Dabei wird unterschieden, ob eine klare Orientierung des Mediums an einer Partei vorliegt oder ob das Medium möglichst überparteilich am Standard der Neutralität orientiert berichtet. Hier sind ebenfalls organisatorische Verbindungen zu beachten. Ein hoher Grad an Parallelismus geht mit Außenpluralismus einher, d. h. die Meinungsvielfalt ergibt sich durch die gesamte Medienlandschaft. Ein geringer Grad führt zu Binnenpluralismus, so dass möglichst viele Ansichten innerhalb eines Mediums vertreten werden. Dies führt zu einer informationslastigen Berichterstattung im Gegensatz zur kommentarlastigen beim ausgeprägten Parallelismus.

Insbesondere bei staatlicher Regulierung ist der Grad des Parallelismus bedeutsam. Hier werden vier Modelle unterschieden: Das *Regierungsmodell*, bei dem die Regulierung des Mediums durch die Regierung erfolgt, das *Expertenmodell*, in dem die Kontrolle weitestgehend durch Journalisten und Medienexperten geschieht, das *parlamentarische* oder *Proporzmodell* mit von Parteien entsprechend ihrer Stärke im Parlament besetzten Gremien sowie das *kooperatistische Modell*, in dem sich neben Parteien auch andere zivilgesellschaftliche Gruppen in den Gremien finden (vgl. HALLIN/MANCINI 2004: 26–33).

*Professionalisierung:* Der Grad der Professionalisierung wird anhand von drei Dimensionen gemessen. Die Autonomie eines Journalisten ist umso größer, je professioneller er arbeitet. Denn in diesem Falle besitzt er Expertenwissen und ist von außen weniger angreifbar. Des Weiteren zeigt sich die Professionalisierung durch unterscheidbare Berufsnormen wie Quellenschutz im Journalismus. Hierdurch ergeben sich gemeinsame Werte und eine geteilte Identität. Die Autoren gehen davon aus, dass der Einfluss von außen bei einer höheren Professionalisierung sinkt, wodurch auch der politische Parallelismus geringer ist (vgl. HALLIN/MANCINI 2004: 33–41).

*Rolle des Staates:* Hier werden verschiedene Formen des Staatseingriffes unterschieden. Der stärkste Eingriff ist die Bereitstellung staatlicher Medien. Daneben kann der Staat aber auch durch direkte oder indirekte Subventionen intervenieren oder ein bedeutender Werbekunde sein. Neben solchen Markteingriffen ist es dem Staat auch möglich über die Gesetzgebung, insbesondere der Strafverfolgung Einfluss auf die Medieninhalte auszuüben (vgl. HALLIN/MANCINI 2004: 41–44).

Aus den verschiedenen Dimensionen leiten HALLIN/MANCINI drei idealisierte Modelle von Mediensystemen ab.

Das *polarisiert-pluralistische Modell* ist durch eine elite-orientierte Presse mit geringer Reichweite sowie starken elektronischen Medien geprägt. Es liegt ein hoher politischer Parallelismus vor, so dass Außenpluralismus herrscht. Somit ist die Berichterstattung sehr kommentarlastig. Die Medien dienen oft als Vehikel politischer Interessen und Klientelismus ist vorherrschend. Folglich ist der Professionalisierungsgrad und die Autonomie der Journalisten gering. Der Staat hat eine vergleichsweise wichtige Rolle inne. Die Regulierung der staatlichen Medien erfolgt durch das Regierungs- oder parlamentarische Modell. Das System findet sich in Italien, Spanien, Portugal, Griechenland und Frankreich.

Im *demokratisch-kooperatistischen Modell* liegt ein moderater Pluralismus vor. Der ehemals hohe Parallelismus nimmt ab und die Medien reduzieren ihre Kommentare zu Gunsten von Informationen. Dies liegt auch am Niedergang der früheren Parteipresse. Der Staat hat eine starke Rolle inne und die Medien gelten als soziale Institutionen, die von ihm unterstützt werden. Der Professionalisierungsgrad ist hoch und staatliche Medien werden parlamentarisch oder kooperatistisch reguliert. Beispiele für dieses Modell sind die skandinavischen Länder, Deutschland, Österreich, die Schweiz, die Niederlande und Belgien.

Das *liberale Modell* ist durch einen geringen Parallelismus und somit durch Binnenpluralismus gekennzeichnet. Die starke journalistische Autonomie resultiert aus einer hohen Professionalisierung. Die Berichterstattung ist informationsorieniert. Der Staat hat eine zurückhaltende Rolle, so dass die staatlichen Medien meist durch Experten reguliert werden. Das System findet sich in den USA, Kanada, Großbritannien und Irland (vgl. HALLIN/MANCINI 2004: 66–75).

### Empirische Befunde

Durch eine qualitative Analyse der insgesamt 18 nordamerikanischen und westeuropäischen Staaten anhand der verschiedenen Dimensionen leiten HALLIN/MANCINI die genannten Zuordnungen ab. Allerdings passen nicht alle Länder eindeutig zu einem bestimmten Modell. So finden sich beispielsweise in Großbritannien durch den wichtigen öffentlichen Rundfunk Teile aus dem demokratisch-kooperatistischen Modell. Daher werten die Autoren Großbritannien auch als Mittelfall zwischen diesem und dem liberalen Modell. Andere Fälle, die zwischen zwei Modelle liegen sind z. B. Frankreich und Belgien. Nichtsdestotrotz können die Autoren ihre Klassifikation durch ihre umfangreiche Untersuchung empirisch untermauern. Allerdings bleibt ein zentraler Kritikpunkt, dass keine Länder außerhalb der westlichen Welt berücksichtigt werden.

## 2.2 Staatliche und private Medien in Entwicklungsländern

Im vorangegangenen Abschnitt 2.1.3 wurden verschiedene Mediensystemklassifikationen präsentiert. Jedoch berücksichtigt keines der drei vorgestellten Modelle explizit die Entwicklungsländer. WIIO (1983) stellt ein Modell vor, dass auch die Entwicklungsländer beinhaltet. Dort finden sich aber außer der Klassifikation aufgrund politischer und wirtschaftlicher Indikatoren keine weiteren Schlüsse auf die Ausgestaltung des Mediensystems. WIIO bezeichnet die Kommunikation in Entwicklungsländern als eingeschränkte Massenkommunikation. In einem solchen System steht es zwar jedem prinzipiell frei Nachrichten zu senden, aber aufgrund von schlechten wirtschaftlichen Bedingungen, Analphabetismus oder sprachlichen Barrieren kann nicht jeder diese Nachrichten auch empfangen (vgl. WIIO 1983: 88–89).

ALTSCHULL (1984) hingegen geht davon aus, dass sich die Mediensysteme in Entwicklungsländern aufgrund zweier Eigenschaften trotz teilweise enormer historischer, politischer und kultureller Unterschiede ähneln: Einerseits verfügte kein Entwicklungsland vor dem Kontakt mit den europäischen Staaten über Massenmedien, so dass diese erst mit der Kolonialisierung dort eingeführt worden. Folglich wurden sie immer entsprechend der Medienkultur des Mutterlandes konzipiert, so dass auch Teile des westlichen Journalismusverständis übernommen wurden. Andererseits begriffen alle Entwicklungsländer nach ihrer Unabhängigkeit Entwicklung als oberste Priorität, wozu die Medien entsprechend eingesetzt werden sollten. Daraus entwickelte sich das journalistische Konzept des Entwicklungsjournalismus (vgl. ALTSCHULL 1984: 147–149).

### 2.2.1 Entwicklungsjournalismus

#### Begriffsbestimmungen

Bevor die Theorien des Entwicklungsjournalismus weiter ausgeführt werden können, müssen die dafür zentralen Begriffe »Journalismus« und »Entwicklung« sowie der Kreis der Entwicklungsländer definiert werden.

Journalismus wird definiert als »Berufsbereich der Kommunikationswirtschaft, der die systematische und zielorientierte Gewinnung und Verarbeitung von Informationen für periodische Publikationen [...] zum Gegenstand hat.« (FRÜHSCHÜTZ 2004: 194–195).

»Entwicklung« ist ein normativer Begriff, dessen Inhalt nicht allgemeingültig ist. Im weiteren Verlauf wird die in den Sozialwissenschaften gebräuchliche Definition von NOHLEN/NUSCHELER (1992) verwendet[4]: Entwicklung ist

> »die eigenständige Entfaltung der Produktivkräfte zur Versorgung der gesamten Gesellschaft mit lebensnotwendigen materiellen sowie lebenswerten kulturellen Gütern und Dienstleistungen im Rahmen einer sozialen und politischen Ordnung, die allen Gesellschaftsmitgliedern Chancengleichheit gewährt, sie an politischen Entscheidungen mitwirken und am gemeinsam erarbeiteten Wohlstand teilhaben läßt.« (73)

Auch für die Entwicklungsländer gibt es keine allgemeingültige Definition. Im Weiteren werden alle Staaten mit einem Bruttonationaleinkommen pro Kopf von weniger als 12 196 US-Dollar entsprechend der Weltbank-Klassifikation als Entwicklungsländer bezeichnet (WORLD BANK 2011b). Demnach sind alle afrikanischen Staaten Entwicklungsländer. Eine vollständige Liste der entsprechenden Staaten findet sich bei WORLD BANK (2011a).

#### Begriffs- und Theoriegeschichte des Entwicklungsjournalismus

Mit der Unabhängigkeit einer Vielzahl afrikanischer Staaten südlich der Sahara beginnend mit Ghana 1957, aber besonders im Verlauf der 1960er Jahre, kam in vielen der noch jungen Nationen die Idee des Entwicklungsjournalismus auf. Der erste ghanaische Präsident Kwame Nkrumah stellte 1963 afrikanischen Journalisten seine Idee einer afrikanischen Presse vor, womit er gleichzeitig Entwicklungsjournalismus definierte:

---

4 Diese Definition ist jedoch nicht unumstritten, da eine ökologische Komponente fehlt und die Messbarkeit fragwürdig ist (vgl. NUSCHELER 2004: 245–246).

>»›The press […] does not exist merely for the purpose of enriching its proprietors or entertaining its readers. […] It is integral part of the society, with which its purpose must be in consonance. It must help establish a progressive political and economic system that will free men from want and poverty…. It must reach out to the masses, educate and inspire them, work for equality and the universality of men's rights everywhere.‹« (NKRUMAH in ALTSCHULL 1984: 150)

Kenias erster Präsident Jomo Kenyatta betonte vor allem, dass die Presse zur nationalen Einheit beitragen solle. »›It may constantly inspire […] national unity which every young country needs as the fundamental of its progress‹« (KENYATTA in DOMATOB/HALL 1983: 10).

Die erste wissenschaftliche Definition stammt von QUEBRAL (1977) und wurde am Institut für Entwicklungskommunikation an der philippinischen Universität Los Baños entwickelt. Sie lautet:

>»It [Entwicklungsjournalimus, d. Verf.] is the art and science of human communication applied to the speedy transformation of a country and the mass of its people from poverty to a dynamic state of economic growth that makes possible greater social equality and the larger fulfillment of the human potential.« (QUEBRAL 1977: 2)

In einer weiteren Definition von AGGARWALA (1979) wird kein genereller Unterschied zwischen investigativem Journalismus und Entwicklungsjournalismus gesehen.

>»[D]evelopment news is not different from regular news or investigative reporting. […] [A] journalist should critically examine, evaluate, and report the relevance of a development project to national and local needs, the difference between a planned scheme and its actual implementation, and the differences between its impact on people as claimed by government officials and as it actually is.« (AGGARWALA 1979: 181)

Anhand dieser Auswahl von Definitionen wird ersichtlich, dass es verschiedene Ansichten darüber gibt, was Entwicklungsjournalismus ist und was er leisten soll. KUNCZIK (1986) erkennt, dass alle Definitionen zwei gleiche zentrale Merkmale aufweisen und definiert über diese beiden Eigenschaften »Entwicklungsjournalismus« wie folgt: »1. Entwicklung stellt ein positives, anzustrebendes Ziel dar; 2.

die Massenmedien können einen wichtigen Beitrag zur Erreichung dieses Zieles leisten« (264).

Des Weiteren sieht KUNCZIK zwei zentrale Typen von Entwicklungsjournalismus[5]. Der *investigative* Journalismus folgt im Wesentlichen AGGARWALA. Demnach sollten Durchführung und Nutzen von Entwicklungsprojekten kritisch überprüft werden. Damit geht einher, dass auch die Regierung durch die Medien kontrolliert wird. Eine Grundvoraussetzung für diese Form von Journalismus ist Medienfreiheit. Die andere Form des Entwicklungsjournalismus nennt sich *autoritär-benevolent* oder *patrimonial*. Demnach behindern Demokratie sowie Meinungs- und Medienfreiheit die Entwicklung. Die Medien müssen die Informationen bewusst im Sinne der Regierung manipulieren. Die Regierung handelt nach dieser Auffassung immer im Sinne des Gemeinwohls und die Medien müssen sie dabei unterstützen (vgl. KUNCZIK 1986: 264).

Neben diesen beiden zentralen Ansätzen stellt KUNCZIK fünf andere weniger bekannte Vorstellungen von Entwicklungsjournalismus vor. Der *Deprofessionalisierungsansatz* schlägt vor, den Berufsstand des Journalisten abzuschaffen, so dass die Berichterstattung durch die gesamte Bevölkerung erfolgen soll. In der *chinesischen* Variante ist der Journalist dem Staat und der Partei untergeordnet. Zwar darf auch kritisch berichtet werden, jedoch soll dieser Anteil gering gehalten werden und die Position der Partei darf nicht grundsätzlich in Frage gestellt werden. Die Journalisten werden durch die Partei entsprechend kontrolliert und die Inhalte zensiert. Dieser Ansatz ist dem autoritär-benevolenten sehr ähnlich. Der *intellektuelle* Ansatz fordert dazu auf über die gesellschaftlichen Zusammenhänge, die hinter den Ereignissen stehen, zu berichten. Dadurch soll die Bevölkerung zur aktiven Teilnahme motiviert werden und in die Lage versetzt werden, auf die Ereignisse einzuwirken. Die Journalisten sollen dazu frei von Herrschaft, Macht oder anderen sozialen Zwängen agieren können. Sie sollen wissenschaftlich, objektiv und rational die Probleme analysieren und lösen. Dabei sind sie keiner Kontrolle unterworfen. Es handelt sich sozusagen um »weise Diktatoren«. Der *sozialtechnologische* Ansatz stammt von KUNCZIK selbst. Er soll sich einerseits an den Bedürfnissen der Bevölkerung orientieren, andererseits die Steuerungsfähigkeit des Staates nicht gefährden. Dazu soll der Journalist auf lokaler und regionaler Ebene als Vermittlungsinstanz zwischen dem Staat und der Bevölkerung dienen. Dabei erklärt der Journalist über die Medien z. B. die Regierungsziele bestimmter Projekte, andererseits bewertet und kritisiert er auf diese Weise auch das Projekt. Neben den Massenmedien sollen auch die traditionellen Wege der

---

5 Auch wenn KUNCZIKS Aufsatz von 1986 stammt, so sind seine Ergebnisse weiterhin aktuell. WIMMER/WOLF (2005) kommen zu ähnlichen Resultaten.

interpersonellen Kommunikation genutzt werden. Auf lokaler Ebene herrscht Medienfreiheit, aber auf gesamtstaatlicher Ebene bleibt diese eingeschränkt, um den Staat nicht zu gefährden. Dadurch sollen auch die Spielregeln der Demokratie gelernt werden (vgl. KUNCZIK 1986: 269–274).

Ferner existiert noch der *partizipatorische* Ansatz. Dieser fordert zunächst, dass die Distanz zwischen Kommunikator und Rezipienten reduziert werden soll, so dass die Ansichten der Bevölkerung in den Medien vertreten sind. Außerdem sollen die Menschen über die notwendigen Informationen verfügen. Dadurch sollen möglichst viele Menschen auf allen Ebenen am politischen und wirtschaftlichen Leben teilnehmen können, wodurch die Entwicklung beschleunigt werden soll. Damit geht ebenfalls einher, dass bestehende Machtstrukturen aufgebrochen werden (vgl. SERVAES/MALIKHAO 2005: 91–103; WILKINS 2008: 1230–1232).

An dieser Vielzahl von verschiedenen Vorstellungen zeigt sich, dass Entwicklungsjournalismus kein genau definiertes Konstrukt ist. Dies hängt in erster Linie mit der unklaren Definition von Entwicklung zusammen. So rechtfertigte der frühere zentralafrikanische Präsident und selbsternannte Kaiser Jean-Bédel Bokassa den Kult um seine Person mit der nationalen Entwicklung, weshalb jede Kritik an seiner Person aufs Schärfste bestraft wurde. Folglich kann dieser autoritäre Entwicklungsjournalismus zum Machterhalt missbraucht werden. Da dies aber nicht im Sinne der zuvor gewählten Definition von Entwicklung ist, wird im weiteren Verlauf die folgende Definition des vom Verfasser entworfenen *demokratisch-partizipatorischen Entwicklungsjournalismus* verwendet. Sie orientiert sich am investigativen, sozialtechnologischen und partizipatorischen Ansatz.

**Definition »Entwicklungsjournalismus«**

Entwicklungsjournalismus hat folgende Aufgaben:

1. Evaluation: Die vom Staat ergriffenen Entwicklungsmaßnahmen sollen von den Journalisten möglichst objektiv und neutral anhand des Nutzens für die Bevölkerung analysiert werden.
2. Vertikale Vermittlung: Die Maßnahmen sollen den Menschen verständlich erklärt und deren Meinungen den Entscheidungsträgern mitgeteilt werden.
3. Horizontale Vermittlung: Die Journalisten sollen über alle Regionen sowie Bevölkerungsgruppen und -schichten des Landes berichten, so dass alle Meinungen Gehör finden und erklärt werden. Dadurch sollen Konflikte in der Bevölkerung vermieden oder gelöst und die nationale Einheit gestärkt werden.

4. Information: Durch verständliche Berichterstattung soll die Bevölkerung über die Informationen verfügen, die für eine aktive Teilnahme an politischen, sozialen und wirtschaftlichen Prozessen notwendig sind. Dabei sind Wahlen und Abstimmungen von besonderer Relevanz.
5. Stabilität: Die Medien stützen das politische System und achten die Gesetze sowie die verfassungsmäßige Ordnung. Sie beteiligen sich nicht an Umsturzversuchen und rufen nicht zu Gewalt auf.

Um diesen Aufgaben gerecht zu werden sind folgende Voraussetzungen notwendig:

1. Zielsetzung: Entwicklung ist das gemeinsame Ziel von Staat und Bevölkerung.
2. Medienfreiheit: Medien- und Informationsfreiheit sind gegeben. Die Medien haben Zugang zu relevanten Informationen.
3. Empfangsmöglichkeit: Die Bevölkerung ist in der Lage die Berichterstattung zu empfangen und zu verstehen. Dem können beispielsweise mangelnde Infrastruktur oder Sprachbarrieren entgegenstehen.
4. Ausbildung: Die Journalisten haben ein Mindestmaß an journalistischer Ausbildung und Allgemeinbildung.

### 2.2.2 Westliches Journalismusverständnis

In Abschnitt 2.1.3 wurde gezeigt, dass es in den westlichen Mediensystemen eine Schwankungsbreite gibt. So sind Medien im liberalen Modell informationsorientiert oder dienen im polarisiert-pluralistischen Modell als ein politisches Vehikel. Das demokratisch-kooperatistische Modell liegt dazwischen. Diese Unterschiede lassen sich auch im Journalismusverständnis feststellen.

Der zentrale Gegensatz ist der Konflikt zwischen einer *neutral-objektiven* und einer *partizipativen* Vorstellung von Journalismus. Der neutral-objektive Journalist folgt seinen erlernten Berufsstandards. Demnach ergeben sich für alle Nachrichten objektive Nachrichtenwerte. Der Journalist hat nun die Aufgabe, die Nachrichten zu sammeln, zu überprüfen und nach ihrem Nachrichtenwert auszuwählen. Dafür muss er die Fähigkeit besitzen, das Wichtige vom Unwichtigen zu trennen. Meinungen müssen von Fakten getrennt werden und Sensationalismus sowie Verzerrungen sind nicht erlaubt. Diese Rolle wird auch *gatekeeper* genannt. Der Rezipient ist nach dieser Auffassung mündig und kann selbst die für ihn relevanten Informationen auswählen und sich seine Meinung bilden. An diesem neutral-objektiven Journalismusverständnis wird kritisiert, dass Objektivität nicht möglich sei und dass der Journalist sich unter dem Vorwand der Objektivität aus der Verantwortung für seine Berichterstattung stehlen könne.

Aus dieser Kritik heraus wurde das Rollenverständnis des partizipativen Journalisten entworfen. Dessen Ziel ist, dass alle Meinungen und Perspektiven in den Medien gleich repräsentiert werden sollen, da nur so soziale Konflikte gelöst werden können. Allerdings gibt es manche Gruppen, die weitestgehend ignoriert werden. Der Journalist agiert als *Advokat* für diese Gruppen und verschafft ihnen somit Gehör. Von diesen Klienten erhält er seine Informationen und hat auch die Aufgabe sie zu schützen. Andererseits soll er versuchen vertrauliche Informationen, die für seine Klienten relevant sind, zu sammeln und zu enthüllen. Der investigative Journalismus fällt in diese Kategorie. Des Weiteren soll der Journalist nicht nur Nachrichten veröffentlichen, sondern sie auch analysieren und interpretieren. In dem Ansatz wird davon ausgegangen, dass einige Rezipienten ihre Ziele nicht artikulieren und deshalb auch nicht verwirklichen können. Die Medien sollen sie dabei unterstützen. Dieses Rollenverständnis wird kritisiert, da es bewusste Verzerrungen der Realität fordert und Manipulationen fördert (vgl. JANOWITZ 1975: 618–621; JOHNSTONE/SLAWSKI/BOWMAN 1972: 522–525). Der neutral-objektive *gatekeeper* führt eher zum Binnenpluralismus, während der partizipative Advokat Außenpluralismus befördert.

Die beiden Ideen wurden weiterentwickelt und führten zu zwei neuen Vorstellungen: der *precision journalism* auf der einen Seite und der *public journalism* auf der anderen. Der Präzisionsjournalismus ist eine Weiterentwicklung des neutralen-objektiven Journalismus und ist aus seiner Kritik entstanden. Der neutrale Journalist ist passiv und berichtet lediglich über Ereignisse. Deshalb ist er leicht anfällig für Manipulationen z. B. durch *spin doctors* oder inszenierte Ereignisse. Aus diesem Grund sollen die Journalisten aktiv werden und nicht nur Daten sammeln, sondern sie vor allem analysieren. Damit sie dabei aber nicht ihre Objektivität verlieren, sollen sie sich sozialwissenschaftlicher Methoden bedienen. Dies bedeutet, dass sie mit Modellen und Theorien versuchen, die Ereignisse rational zu erklären und ihre Erklärungen wiederum an der Realität prüfen. Der gesamte Prozess soll dabei für den Rezipienten offen und nachvollziehbar sein, damit dieser die Schlüsse verstehen kann, wodurch Intersubjektivität entsteht (vgl. MEYER 1991: 1–17).

Die Weiterentwicklung des partizipativen Advokaten ist der *public* oder *civic journalism*. Demnach ist der zentrale Auftrag des Journalismus nicht nur über wichtige Ereignisse zu berichten, sondern den betroffenen Menschen dabei zu helfen auf diese Ereignisse Einfluss zu nehmen, so dass sie in die Lage versetzt werden ihre Probleme zu lösen. Dies soll durch die Teilnahme aller Menschen geschehen, da nur so die Talente und Ideen der gesamten Bevölkerung genutzt werden können. Folglich sollen die Medien einen Raum zur Teilnahme am öffentlichen Leben und dadurch einen spürbaren Nutzen für die Menschen schaffen. Sie sind ein Forum, das jedem offen stehen soll. Die Journalisten sollen sich dementsprechend auch als Teil der Gesellschaft verstehen und nicht als Außenstehende. Ausgeglichenheit wird in diesem Fall nicht nur durch das Verhältnis der Zitate gemessen, sondern auch durch einen Ausgleich zwischen Skepsis und Hoffnung, was bedeutet, dass die Rezipienten über Probleme und Problemlösungen gleichermaßen informiert werden sollen (vgl. Rosen 2000: 1–5, 281–300).

Drei weitere Ansätze sind die des »Pfadfinders«, des Erziehers und des Unterhalters. Der Journalist als »Pfadfinder« hat die Aufgabe aus der Vielzahl von Themen, die aufzubereiten, die für die Zukunft wichtig sind und somit eine »avantgardistische Saat« (Noelle-Neumann 1979: 110) zu säen. Dieser Ansatz betont die *Agenda-Setting*-Funktion der Medien. Der Ausgangspunkt des erzieherischen Modells ist der Informationsvorsprung des Journalisten, durch den dieser eher zu rationalen Einsichten gelangen kann als der Normalbürger. Deshalb sollen die Journalisten die Bevölkerung zu mündigen Bürgern erziehen (vgl. Donsbach 1982: 58–60). Das Modell des Unterhalters betont die Unterhaltungsfunktion der Medien und sieht als Hauptaufgabe der Journalisten Inhalte zu generieren, die den Rezipienten gefallen (vgl. Kunczik 1988: 66–67).

An dieser Vielzahl von unterschiedlichen Ansätzen zeigt sich, dass es in den westlichen Demokratien kein einheitliches Journalismusverständnis gibt. Insbesondere der Gegensatz zwischen neutral-objektivem und partizipativem Journalismus sorgt immer wieder für Debatten, wie die Weiterentwicklungen des *precision* und *public journalism* zeigen. Beide Positionen sind berechtigt, so dass eine Balance zwischen ihnen gefunden werden muss.

**Definiton »Westliches Journalismusverständnis«**
Journalismus hat in den westlichen Demokratien folgende Aufgaben:

1. Information: Die Journalisten sollen wichtige Ereignisse, Themen, Meinungen und gesellschaftliche Belange wahrheitsgemäß, vollständig und unverzerrt darstellen, so dass die Bevölkerung aktiv an politischen, sozialen und wirtschaftlichen Prozessen, insbesondere Wahlen und Abstimmungen teilnehmen kann. Mit dieser Aufgabe ist die Bildungsfunktion der Medien eng verbunden.
2. Interpretation: Die Ereignisse sollen in einen gesamtgesellschaftlichen Zusammenhang gestellt und innerhalb dessen analysiert und interpretiert werden.

3. Kontrolle: Politische, soziale und wirtschaftliche Akteure sollen von den Journalisten auf Fehlverhalten kontrolliert werden. Die Journalisten stellen eine Art vierte Staatsgewalt dar.
4. Öffentlichkeit: Die Journalisten sollen durch ihre Berichterstattung Öffentlichkeit herstellen. In diesem Forum sollen alle Meinungen und Positionen frei und offen ausgetauscht werden können.
5. Unterhaltung: Journalisten sollen die Rezipienten unterhalten.
6. Kommerzieller Erfolg: Die Berichterstattung der Journalisten soll dem Medium auf dem Wettbewerbsmarkt Erfolg verschaffen.

Im Unterschied zum Entwicklungsjournalismus kennt das westliche Journalismusverständnis kein zentrales gesamtgesellschaftliches Ziel wie z. B. Entwicklung.

Vergleicht man die beiden Journalismusdefinitionen ergeben sich folgende Gemeinsamkeiten und Unterschiede.

- *Gemeinsamkeiten:* Beide Ansätze schreiben den Journalisten eine Informations- und Öffentlichkeitsaufgabe zu, die mit einem Bildungsauftrag einhergeht. Auch sollen die Journalisten in beiden Varianten die Ereignisse analysieren und interpretieren.
- *Unterschiede:* Der zentrale Unterschied ist, dass der Entwicklungsjournalismus klar auf das Thema Entwicklung fokussiert, während die westliche Version einen universellen Ansatz hat. Außerdem stehen im Entwicklungsjournalismus die Handlungen des Staates im Vordergrund, da dieser die Entscheidungen über den Hauptteil der Entwicklungsprojekte fällt. Dieser Fokus fehlt im westlichen Ansatz. Des Weiteren besteht eine Aufgabe der Journalisten darin, Konflikte möglichst zu vermeiden oder zu entschärfen, da sie die nationale Einheit und die Stabilität gefährden können. Im westlichen Verständnis kommt diese Aufgabe ebenfalls nicht vor. Journalisten haben nach dem westlichen Verständnis ferner die Aufgaben der Unterhaltung und des kommerziellen Erfolges, auch die Kontrollaufgabe gegenüber der Regierung ist stärker ausgeprägt.

### 2.2.3 Journalismus im subsaharischen Afrika

In diesem Abschnitt werden empirische Forschungsergebnisse zu Medien und Journalismus in den Entwicklungsländern Afrikas südlich der Sahara vorgestellt. Dabei werden lediglich Länder berücksichtigt, die ein Mindestmaß an Pressefreiheit aufweisen, da dies eine definitorische Voraussetzung für den Entwicklungsjournalismus ist. Als Grundlage dient der Bericht des Freedom House (2011a) zur Pressefreiheit. Es werden nur Länder berücksichtigt, die mindestens als »teilweise frei« eingestuft wurden. Da diese Studie lediglich die Presse untersucht, werden die anderen Mediengattungen nicht berücksichtigt.

Allgemein stellt BOURGAULT (1995) fest, dass der Stil in subsaharischen Zeitungen von oraler Tradition geprägt ist. Damit einher gehen beispielsweise redundante Artikel oder die geringe Bedeutung der Aktualität. Des Weiteren werden häufig Reden oder Presseerklärungen wiedergegeben, Analysen spielen eine untergeordnete Rolle. Der westliche Stil ist von der schriftlichen Kultur geprägt. Diese entwickelte sich seit der Erfindung des Buchdrucks mit beweglich Lettern im 15. Jahrhundert und ist vor allem durch Trennung von Objektivität und Subjektivität sowie Logik und Rationalität gekennzeichnet. Analysen und Aktualität haben einen hohen Stellenwert (vgl. BOURGAULT 1995: 180–205).

### Südliches Afrika

MÄRLENDER (2000) untersucht die Rolle der Presse während des Übergangs von der Apartheid zur pluralistischen Demokratie in *Südafrika*. Dabei ist anzumerken, dass in Südafrika keine staatliche Presse existiert und alle Zeitungen in privater Hand sind. Die größte Zeitung des Landes ist die *Daily Sun*. Andere wichtige Tageszeitungen sind *The Sowetan* und *Die Beeld*[6]. Im Untersuchungszeitraum kann die Presselandschaft jedoch in drei Kategorien aufgeteilt werden: die etablierte englischsprachige und afrikaanse sowie die alternative Presse. Während der Apartheid war die englischsprachige Presse relativ liberal. Sie kritisierte die Regierung, aber aufgrund von Restriktionen nicht das politische System. Die afrikaansen Zeitungen standen dagegen der Regierung nahe und unterstützen diese. Die alternative Presse vertrat die Opposition und kämpfte gegen die Apartheid. Sie war permanent Restriktionen ausgesetzt. Nachdem die Liberalisierung des Landes mit der Freilassung von Nelson Mandela im Februar 1990 begann, änderte sich die Rolle der Presse. Die etablierte Presse übernahm eine Art Zeugenfunktion und beobachtete, dokumentierte und kritisierte den Prozess. Dabei ließ sie nun auch die Gegner der Apartheid zu Wort kommen. Die alternativen Zeitungen hingegen widmeten sich dem investigativen Journalismus um die Verbrechen der Apartheid aufzudecken. Der vom Staat geforderten Entwicklungsaufgabe der Aufklärung und Bildung der ländlichen Bevölkerung kamen die Zeitungen weitestgehend nicht nach, da sie zu sehr mit ihrer eigenen Umstrukturierung beschäftigt waren (vgl. GIFFARD/BEER/STEYN 1997: 82–95; MÄRLENDER 2000: 86–118). Folglich lässt sich festhalten, dass die südafrikanischen Zeitungen weitestgehend einem westlichen Journalismusverständnis folgen.

6 Afrikaans für »Das Bild«.

Die Presse von Südafrikas nördlichem Nachbarland *Botsuana* ist durch ein Nebeneinander von staatlicher und privater Presse gekennzeichnet. Die wichtigsten Zeitungen sind die staatliche *Daily News* und die private *Mmegi*[7]. Wie in vielen anderen afrikanischen Ländern beschränkt sich die Leserschaft der Presse weitestgehend auf die urbanen Zentren. Die staatliche Presse hat die Aufgabe die Entwicklung, Einheit, Eigenständigkeit und Demokratie des Landes zu fördern. Gleichzeitig wird sie von der Regierung aber auch explizit dazu aufgefordert, selbige zu kritisieren. Die private Presse sieht ihre Hauptaufgabe eindeutig darin, als Vierte Gewalt die Politik zu bewerten und kritisieren. Dabei ist besonders das Thema Korruption bedeutsam. Durch investigativen Journalismus deckten private Zeitungen bereits mehrere Skandale auf (vgl. ZAFFIRO 1993: 7-23).

Auch in *Namibia* existieren staatliche und private Medien nebeneinander. Die staatliche Zeitung *New Era* und die private *The Namibian* dominieren die Presselandschaft. Der Auftrag der *New Era* besteht besonders darin, die Entwicklung des ländlichen Raums zu fördern (vgl. NEW ERA PUBLICATIONS 2008). Die privaten Zeitungen hingegen kontrollieren in erster Linie Regierung und Parlament (vgl. WEILAND 1992: 292–293). Allerdings neigen sie auch zu Unterhaltung für die Mittelschicht (vgl. KIVIKURU 2005: 325–329). Somit zeigt sich, dass der Entwicklungsjournalismus eher bei staatlichen und der westliche Journalismus bei privaten Zeitungen anzutreffen ist. Insgesamt sind die namibischen Medien eliteorientiert.

### Ostafrika

Zum Zeitpunkt der Untersuchung von KAHLCKE (1999) war *Uganda* zwar ein Rechtsstaat, in dem die Medien ein »für afrikanische Verhältnisse außergewöhnliches Maß an Freiheit« (KAHLCKE 1999: 111) genossen. Trotzdem waren Parteiaktivitäten verboten[8] und das Land stand im ständigen Konflikt mit Rebellentruppen. Auch hier gibt es sowohl staatliche als auch private Zeitungen. Die wichtigsten sind die staatliche Tageszeitung *New Vision* und der private *Daily Monitor*. Im Untersuchungszeitraum verfügte die staatliche Zeitung über redaktionelle Unabhängigkeit und nahm oftmals auch kritische Positionen gegenüber der Regierung ein. Allerdings vermied die Redaktion direkte Angriffe gegen die politische Führung und konnte nicht für die Einführung des damals verbotenen Mehrparteiensystems eintreten. Die private Presse hingegen fungierte als Kontrollorgan der Regierung und war gleichzeitig unabhängig von der Opposition.

---

7 Setswana für »Der Reporter«.

8 Parteien waren vor dem Referendum von 2005 nicht verboten, jedoch waren ihnen Versammlungen und Wahlteilnahme nicht gestattet.

Die Themengestaltung war marktorientiert und bestand aus Informationen und boulevardesken Themen. Die Journalisten neigten aber auch zu investigativem Journalismus (vgl. KAHLCKE 1999: 132–146). Eine quantitative Inhaltsanalyse der staatlichen Zeitung *New Vision* und des privaten *Daily Monitor* ergab, dass beide in einem ähnlichen Maß über Korruption und Menschenrechtsverletzungen berichteten, wobei die staatliche *New Vision* Korruptionsfällen mehr Platz einräumte. Bei der Darstellung der Regierung unterschieden sich die Zeitungen deutlich, wobei die *New Vision* die Regierung relativ ausgeglichen darstellte, während der *Daily Monitor* eindeutig negativ berichtete (vgl. KAHLCKE 1999: 166–200). MWESIGE (2004) befragte 2001 insgesamt 101 ugandische Journalisten aus Presse und Rundfunk u. a. zu ihrer Bewertung von bestimmten Medienfunktionen und journalistischen Praxen. Diese Ergebnisse stellt er vergleichbaren Studien aus Großbritannien, den USA und Australien gegenüber. Dabei kommt er zu dem Schluss, dass die Journalisten in Uganda die westlichen Medienfunktionen Informieren, Analysieren, Interpretieren und Aufdecken sehr hoch bewerten. Des Weiteren bewerten die ugandischen Journalisten kontroverses journalistisches Verhalten wie das unerlaubte Verwenden vertraulicher Dokumente ähnlich wie ihre Kollegen aus dem Westen. Insgesamt kommt der Autor zu dem Ergebnis, dass sich die Journalisten in Uganda sehr stark am westlichen Journalismus orientieren (vgl. MWESIGE 2004: 86–93). Allerdings wurden keine Fragen zum Entwicklungsjournalismus gestellt und auch die Inhaltsanalyse untersuchte ihn nicht, so dass über dessen Anwendung keine Aussage gemacht werden kann. Zumindest die privaten Medien orientieren sich jedoch eindeutig am westlichen Journalismusverständnis.

*Tansania* verfügt ebenfalls über ein liberales Mediensystem, in dem staatliche Zeitungen wie die *Daily News* und private wie die *Majira*[9] koexistieren. RAMAPRASAD (2001) führte 1999 eine Journalistenbefragung durch. Sie befragte 142 Journalisten aus Presse und Rundfunk in Tansania zu den Aufgaben der Medien und dem Nutzen ihrer Arbeit. Dabei bewerten die Befragten die Informations- und Analysefunktion als am wichtigsten, während die nationale Entwicklung als unwichtigste Funktion eingestuft wird. Selbst Unterhaltung wird als wichtiger erachtet. Allerdings ist diese Diskrepanz bei Journalisten in den privaten Medien stärker ausgeprägt. Des Weiteren gehen die Journalisten davon aus, dass ihre Arbeit der Bevölkerung helfen kann und bewerten diesen Nutzen höher als materiellen Nutzen wie das Gehalt. Die Autorin zieht daraus den Schluss, dass die Journalisten sich generell am westlichen Journalismus orientieren. Jedoch berück-

9 Swahili für »Zeit« oder »Saison«.

sichtigen sie auch die Entwicklung des Landes bei ihrer Arbeit (vgl. Ramaprasad 2001: 543–552).

In *Madagaskar* kann die Presselandschaft in vier Kategorien eingeteilt werden. Die vier privaten und kommerziellen Zeitungen *Midi Madagasikara, Gazetiko*[10], *Madagascar Tribune* und *L'Express de Madagascar* dominieren den Zeitungsmarkt. Daneben gibt es noch die Partei-, die religiöse und die Entwicklungspresse. Staatliche Zeitungen existieren in Madagaskar nicht. Andriantsoa et al. (2003) führten 1999 und 2000 eine Inhaltsanalyse aller kommerziellen Zeitungen außer der *Gazetiko* durch. Dabei kamen die Autoren zum Schluss, dass die untersuchten Zeitungen zum überwiegenden Teil von Unterhaltung dominiert sind. Lediglich sechs Prozent der Artikel behandeln Entwicklungsthemen. Die religiöse Presse und die Entwicklungspresse hingegen haben sich besonders auf die Bedürfnisse der ländlichen Regionen spezialisiert. Die Entwicklungspresse misst dem Thema Umwelt- und Naturschutz aufgrund des madagassischen Artenreichtums einen hohen Stellenwert bei (vgl. Andriantsoa et al. 2003: 13, 23).

Ähnlich wie Madagaskar besteht die Presseland in *Kenia* ausschließlich aus privaten Zeitungen. Die größte Zeitung des Landes ist die *Daily Nation* gefolgt von *The Standard.* Diese privaten Zeitungen haben eine eher konservative Ausrichtung und orientieren sich an der urbanen Elite des Landes. Sie folgen klar dem westlichen Journalismusverständnis (vgl. Heath 1997: 29–34).

### Zentralafrika

In der Presselandschaft der *Republik Kongo* existiert trotz einer großen Anzahl von Zeitungen keine publizistische Vielfalt. Insgesamt gab es 2007 eine staatliche und 54 private Zeitungen. Die staatliche Wochenzeitung *La Nouvelle République* verbreitet in erster Linie Meldungen der staatlichen Nachrichtenagentur *Agence Congolaise d'Information*. Daneben sind vor allem die beiden privaten Zeitungen *Les Dépêches de Brazzaville* und *La Semaine africaine* von Bedeutung. *Les Dépêches* wird von der Regierung Denis Sassou-Nguessos gefördert und ist dementsprechend regierungsfreundlich eingestellt. *La Semaine africaine* hingegen wird seit 1952 von der katholischen Kirche herausgegeben und gilt als seriöse Zeitung. Auch sie unterstützt die aktuelle Regierung. Die übrigen Zeitungen haben während der Wahlen 2002 und 2007 ebenfalls den Präsidenten einseitig unterstützt. Die Journalisten in den privaten Zeitungen stehen mehrheitlich im Staatsdienst und schreiben häufig positive Artikel über die Regierung, da sie

---

**10** Malagasy für »Zeitung«.

vorzugsweise in einem Ministerium arbeiten würden. Sie sehen somit die journalistische Aktivität als Karrieresprungbrett. Folglich ist die Presse insgesamt sehr regierungsfreundlich eingestellt (vgl. FRÈRE 2005: 183–193; FRÈRE 2009: 57–59, 178–180). Allerdings ist unklar, ob die staatlichen und privaten Presseorgane den Entwicklungsjournalismus oder den westlichen Journalismus bevorzugen. Zum einen sind die Unterschiede zwischen den staatlichen und privaten Zeitungen ohnehin nicht stark ausgeprägt und zum anderen gibt es keine Studien über die konkreten Inhalte der Zeitungen.

### Westafrika

Im bevölkerungsreichsten Land Afrikas *Nigeria* gibt es sowohl staatliche als auch private Zeitungen. Die wichtigsten Zeitungen sind die staatliche *Daily Times* und der *New Nigerian* sowie die privaten Zeitungen *Punch* und *Guardian*. In den staatlichen Zeitungen überwiegen regierungsfreundliche Artikel. Des Weiteren verzerrten sie bei den Wahlen von 2003 die Berichterstattung zu Gunsten der Regierung. Die privaten Zeitungen hingegen lassen sich am ehesten der Rolle des Advokaten zuordnen und sind für ihre Offenheit und Regierungskritik bekannt (vgl. OLUKOYUN 2004: 74–87). Außerdem deckten sie mehrere Skandale auf, so dass durch ihre Berichterstattung z. B. die Sprecher des Repräsentantenhauses und des Senats zurücktreten mussten (vgl. OJO 2003: 831-836). Allerdings zeigt eine Inhaltsanalyse, dass beide Zeitungstypen der ländlichen Entwicklung nahezu gleich viel Platz einräumen. Es überwiegt jedoch eindeutig die Berichterstattung über urbane Ereignisse (vgl. EDEANI 1993: 126–130). Somit wird deutlich, dass die privaten Zeitungen wiederum zum westlichen Journalismusverständnis neigen, aber teilweise auch genau wie die staatlichen dem Entwicklungsjournalismus nachgehen. Ansonsten fungieren die staatlichen Zeitungen tendenziell als Verlautbarungsorgane der Regierung.

In *Senegal* existieren staatliche und private Zeitungen nebeneinander. Die größte Zeitung ist die staatliche *Le Soleil*. Sie gilt als sehr regierungsfreundlich. Allerdings gibt es auch private Zeitungen, die der Regierung sehr nahe stehen. Die übrigen privaten Zeitungen wie *Sud Quotidien* oder *Le Populaire* lassen sich der Qualitäts- bzw. Boulevardpresse zuordnen. Während die Qualitätspresse einen regierungskritischen und investigativen Ansatz verfolgt, tritt die Boulevardpresse mit Sensationalismus und Unterhaltung in den Vordergrund. Da WITTMANN die Medienkultur des Landes analysiert, macht die Untersuchung keine Aussagen darüber, ob die regierungsnahen Medien dem Entwicklungsjournalismus nachgehen. Bei der privaten Qualitäts- und Boulevardpresse wird das westliche Journalismusverständnis angewandt (vgl. WITTMANN 2007: 246–261).

Die Presselandschaft von *Burkina Faso* ist ebenfalls von staatlichen und privaten Medien geprägt. Die größten Tageszeitungen sind die staatliche *Sidwaya*[11] sowie die privaten *Observateur Paalga*[12] und *Le Pays*. Die privaten Zeitungen sind nach der Demokratisierung des Landes 1991 entstanden. Meist ist der Gründer der Zeitungen im redaktionellen Alltag die zentrale Figur, da dieser oft die Redaktion leitet und alleiniger Kapitalgeber ist. Die staatliche Zeitung *Sidwaya* hat einen öffentlichen Auftrag, berichtet aber meistens über Regierungsaktivitäten, weshalb sie als Sprachrohr der Regierung wahrgenommen wird. Aber auch die privaten Zeitungen unterstützen häufig die Regierung oder konzentrieren sich auf sensationalistische Meldungen (vgl. Balima 2003: 168; Frère 2003: 17–30).

Auch *Benin* ist seit 1991 eine Demokratie und erlebte einen Boom der privaten Presse. Jedoch ist die staatliche *La Nation* – früher *Ehuzu*[13] – die einzige Tageszeitung des Landes. Andere wichtige private Zeitungen sind die wöchentlich erscheinenden *La Gazette du Golfe* und *Le Forum de la Semaine*. Während *La Nation* regierungsfreundlich berichtet und sich am Entwicklungsjournalismus orientiert, waren die privaten Zeitungen besonders während des Übergangs vom autoritären zum demokratischen System sehr regierungskritisch eingestellt. Allerdings stehen die Zeitungen meist in einem engen Verhältnis zu politischen Persönlichkeiten. Genau wie in anderen subsaharischen Ländern nimmt der Sensationalismus in privaten Zeitungen auch in Benin zu (vgl. Frère 2000: 72–104; Palmer 1997: 253–258).

Die Analyse dieser zwölf subsaharischen Länder zeigt mehrere Muster, die Abbildung 2.1 verdeutlicht.[14] Die Abbildung zeigt nur Länder, die der jeweiligen Kategorie eindeutig zugeordnet werden können.

Zunächst wird deutlich, dass in neun der zwölf untersuchten Länder sowohl staatliche als auch private Zeitungen existieren. Lediglich in Kenia, Madagaskar und Südafrika gibt es keine staatliche Presse. Des Weiteren orientiert sich die private Presse eindeutig am westlichen Journalismus. Bei der staatlichen Presse ist ein Trend zum Entwicklungsjournalismus erkennbar. Außerdem berichten fast alle privaten Zeitungen regierungskritisch, während die staatliche Presse der Regierung näher steht.

---

11 Mòoré für »Die Wahrheit ist gekommen«.

12 Mòoré für »Der neue Beobachter«.

13 Fon für »Revolution«.

14 Hierbei ist zu bedenken, dass sich diese Analyse ausschließlich auf Sekundärdaten stützt, von denen einige bis zu 20 Jahren alt sind. Bei der sich schnell wandelnden afrikanischen Medienlandschaft können somit einige Befunde bereits veraltet sein.

| | staatliche Presse | private Presse |
|---|---|---|
| Entwicklungsjournalismus | Benin, Botsuana, Burkina Faso, Namibia, Nigeria (5 von 9) | — (0 von 12) |
| westlicher Journalismus | Tansania (1 von 9) | Benin, Botsuana, Kenia, Madagaskar, Namibia, Nigeria, Senegal, Südafrika, Tansania, Uganda (10 von 12) |
| regierungsfreundlich | Benin, Burkina Faso, Republik Kongo, Nigeria, Senegal, Uganda (6 von 9) | Burkina Faso, Republik Kongo (2 von 12) |
| regierungskritisch | Botsuana, Namibia (2 von 9) | Benin, Botsuana, Namibia, Nigeria, Senegal, Südafrika, Uganda (7 von 12) |

Abbildung 2.1: Staatliche und private Presse im subsaharischen Afrika

### 2.2.4 Journalismus in Ghana

Es folgt die Vorstellung verschiedener Studien über die staatliche und private Presse in Ghana. Auf die anderen Mediengattungen wird weitestgehend verzichtet, da diese Studie nur die Presse behandelt.

Der Kommunikationswissenschaftler ASANTE (1996) analysiert die Medien in Ghana von ihrem ersten Auftreten 1822 bis zum Ende der Militärherrschaft des *Provisonal National Defense Council* (PNDC) 1992, wobei der Schwerpunkt auf der Presse des unabhängigen Ghanas nach 1957 liegt. Zu diesem Zweck führt er eine Inhaltsanalyse der staatlichen Zeitungen *Daily Graphic* und *Ghanaian Times* sowie des privaten *Pioneer* zwischen 1957 und 1992 durch. Dabei vergleicht er die Presse unter den verschiedenen zivilen und militärischen Regierungen[15] miteinander (vgl. ASANTE 1996: xxvi-xxi). Er kommt zu dem Schluss, dass die staatliche Presse in dieser Zeit stets positiv gegenüber der Regierung eingestellt war. Zwar nahm die private Presse besonders während der zivilen Regierungen eine oppositionelle Haltung ein, wurde aber oftmals an ihrer Arbeit gehindert. Folglich gab es kaum oder keine Gegenstimmen zur Regierung. Dementsprechend wurde die Presse auch nicht zur Förderung der Entwicklung, sondern als Propagandainstrument zum Machterhalt benutzt. Dies wurde entweder durch das Medieneigentum oder bei der privaten Presse durch Kontrolle erreicht. ASANTE bezeichnet die Medien in dieser Zeit als »toothless bulldog« (174). Auch die erste Inhaltsanalyse ghanaischer Medien von OSAE-ASARE (1979) gelangt zum Ergebnis, dass die Presse nicht zur Entwicklung des Landes beiträgt (vgl. 85–86).

Dort, wo ASANTE aufhört, knüpft die Ethnologin HASTY (2005) fast nahtlos an. Während ihrer fünfzehnmonatigen Feldforschung zwischen 1995 und 2002 arbeitete sie bei insgesamt vier Zeitungen und einer Nachrichtenagentur als Journalistin. Dazu zählen die staatliche Zeitung *Daily Graphic*, die privaten Zeitungen *Independent, Chronicle* und *Public Agenda* sowie die staatliche Nachrichtenagentur *Ghana News Agency* (GNA). Ihre Untersuchung gibt einen sehr guten Einblick in den Wandel der Presse seit dem Beginn der Demokratisierung und der vierten Republik 1992 (vgl. 24–25).

Die Autorin kommt zum zentralen Schluss: »state journalism draws on development discourse while private journalism accesses the international rhetoric of democracy and human rights« (HASTY 2005: 157). Seit dem Beginn der vierten Republik 1992 nahm der Regierungseinfluss auf die Presse zwar ab, er war jedoch immer noch deutlich spürbar. Zum einen bestand ein Großteil der Artikel aus der Wiedergabe von Regierungserklärungen und Reden von Politikern oder

15 Ein ausführliche Behandlung der Mediengeschichte Ghanas findet sich in Unterkapitel 4.2.

Beamten. Dies geschah in Form der »Kettenzitation«[16], d. h. die offiziellen Verlautbarungen wurden in direkter und indirekter Rede wiedergegeben. Außerdem stellte die Presse den damaligen Präsidenten Jerry John Rawlings fast immer positiv dar. Auch die Journalisten des *Daily Graphic* gaben an, dass eine Verzerrung zu Gunsten des Staates existierte. Deshalb gaben die Journalisten der staatlichen Zeitungen Enthüllungen und Gerüchte über Fehlverhalten staatlicher Akteure gelegentlich an ihre Kollegen in den privaten Zeitungen weiter. Eine Veröffentlichung solch brisanter Informationen war in einer staatlichen Zeitung sehr unwahrscheinlich. Die Aussagen über die Informationsweitergabe von Journalisten stammen aus privaten Zeitungen, von Journalisten der staatlichen Zeitungen wurde dies jedoch dementiert. Generell gab es keine Zensur durch die Regierung oder den Chefredakteur in den staatlichen Zeitungen (vgl. HASTY 2005: 44–58, 76–78). Das Verhalten der Journalisten in den staatlichen Zeitungen legt allerdings Selbstzensur nahe.

HASTY sieht den Hauptgrund für die Verzerrung zu Gunsten der Regierung in der historischen Verbindung zwischen staatlichen Medien und Regierung. So gab es zwar keine Zensur mehr, allerdings sahen sich die Journalisten immer noch als Teil des Staatsapparats. Dies lag einerseits daran, dass sie hauptsächlich auf staatlichen Veranstaltungen präsent waren und somit kaum aus diesem Umfeld heraustraten. Eine Konsequenz war, dass beispielsweise viele Journalisten die Verzerrungen zu Gunsten des Staates gar nicht mehr wahrnahmen. Andererseits entstand durch die exklusive Beziehung zwischen Staat und staatlichen Medien ein Abhängigkeitsverhältnis, über das auch Druck ausgeübt wurde. Nur staatliche Journalisten hatten Zugang zu Ereignissen wie Pressekonferenzen im Osu Castle – dem Sitz des Präsidenten – oder zum Präsidenten selbst. Wenn sie nicht wie von der Regierung gewünscht berichteten, wurde ihnen mit dem Verlust der Akkreditierung gedroht. Außerdem berichteten mehrere Journalisten, dass die *Castle Information Services* – präsidiale Abteilung für Öffentlichkeitsarbeit – akkreditierte Journalisten bespitzelt hätten (vgl. HASTY 2005: 33–41, 74–87).

Die private Presse sah sich selbst als Wächterin der Demokratie, Menschenrechte und der Entwicklung. Diese Werte wollten die privaten Zeitungen gegenüber der Regierung durchsetzen. Sie standen dabei in direkter Opposition zur Regierung und vertraten auch den Standpunkt der Oppositionsparteien. Besonders häufig und aggressiv griffen sie Rawlings an. Auch begriffen viele Journalisten bei den privaten Zeitungen die Ablösung Rawlings' als vorrangiges Ziel. Sie setzten dabei vor allem auf Sensationsmeldungen und vermeintliche Skandale, besonders im Privatleben des Präsidenten und anderer Regierungsvertreter.

**16** *»chain-quoting«* (HASTY 2005: 56).

Gleichzeitig deckten sie aber auch durch investigativen Journalismus Korruption auf. Die Inhalte der Zeitungen behandelten hauptsächlich das politische Leben in Accra, während der Rest des Landes und vor allem der wirtschaftlich rückständige Norden bewusst vernachlässigt wurden. Auch mangelte es den Berichten oft an Objektivität und Ausgewogenheit, so dass Meinungen und Fakten häufig vermischt wurden. Die Berichterstattung basierte oftmals auf anonymen Quellen und Gerüchten (vgl. Hasty 2005: 96–123).

Hasty sieht den Grund für den klaren oppositionelle Kurs darin, dass die Oppositionsparteien und Regierungsgegner über kein anderes publizistisches Organ verfügten. Des Weiteren hatten sie so gut wie keinen Zugriff auf staatliche Informationen oder Zugang zu Behörden. Deshalb präsentierten sie die Informationen und Meinungen, die außerhalb der staatlichen Rhetorik standen. Sie hatten ein gutes Netzwerk und gesellschaftliche Kontakte. Um an relevante Informationen zu gelangen, nutzten die Journalisten auch fragwürdige Methoden wie falsche Identitäten oder Diebstahl von Dokumenten. Die Bevölkerung wandte sich auch mit Hinweisen direkt an die private Presse. Die private Presse war zwischen den verschiedenen Oppositionsparteien gespalten, insgesamt herrschte aber eine große Solidarität zwischen den Journalisten der privaten Zeitungen, da sie alle mit der problematischen wirtschaftlichen Lage ihres Mediums, der mangelhaften Ausstattung und der Abweisung durch offizielle Stellen konfrontiert waren (vgl. Hasty 2005: 124–156). Allerdings entspannte sich der Gegensatz zwischen staatlicher und privater Presse mit der Wahl des Oppositionskandidaten John Agyekum Kufuor zum Präsidenten, wobei die Rollenverteilung der beiden früheren Gegner nun unklarer wurde.

Die qualitativen Befunde von Hasty werden auch durch zwei quantitative Studien bestätigt. Debrah (2004) untersucht die Berichterstattung der staatlichen und privaten Zeitungen über die Regierungen von Rawlings und Kufuor. Dazu führt er eine Inhaltsanalyse von jeweils 144 Ausgaben der staatlichen Zeitungen *Daily Graphic* und *Ghanaian Times* sowie jeweils 96 Ausgaben der privaten Zeitungen *Chronicle* und *Independent* durch. Die verschiedenen Ausgaben stammen von 1998 und 2002 und liegen somit immer in der Mitte einer Legislaturperiode. Der Autor analysierte alle Artikel, in denen über Aktivitäten der Regierung berichtet wurde. Abbildung 2.2 zeigt, dass bei der Berichterstattung über die Regierung ein diametraler Gegensatz zwischen den staatlichen und privaten Zeitungen existiert. Während 1998 die staatlichen Zeitungen in mehr als drei Vierteln aller Artikel positiv über die Regierung berichten, sind dies bei der privaten Presse weniger als ein Zehntel. Allerdings ist auch ersichtlich, dass, wie Hasty beschreibt, die Berichterstattung nach dem Regierungswechsel ausgewogener ist. Bei der staatlichen Presse nahm der Anteil der positiven Meldungen ab und der der negativen zu, bei den privaten Zeitungen geschah ähnliches in entgegengesetzter Richtung. Bei allen untersuchten Zeitungen nahm der neutrale Anteil zu (vgl. DEBRAH 2004: 51-60).

| | positiv (%) | | negativ (%) | | neutral (%) | |
|---|---|---|---|---|---|---|
| | 1998 | 2002 | 1998 | 2002 | 1998 | 2002 |
| *Daily Graphic* | 78 | 50 | 2 | 13 | 20 | 37 |
| *Ghanaian Times* | 90 | 74 | 1 | 14 | 9 | 12 |
| *Chronicle* | 8 | 34 | 85 | 55 | 6 | 11 |
| *Independent* | 6 | 47 | 86 | 36 | 7 | 18 |

1998: N=546; 2002: N=448.

Abbildung 2.2: Berichterstattung über die Regierung nach Debrah (2004)

Die zweite Studie von AKPATSA (2003) analysiert, inwieweit sich die staatliche und private Presse bei ihrer Berichterstattung an ethische Normen halten. Dazu analysiert sie insgesamt 398 Aufmacher des *Daily Graphic* und 358 des *Chronicle*. Als Verstößen gegen ethische Normen werden Aufruf zu Gewalt, Verletzungen ethnischer, kultureller oder religiöser Gefühle, Panikmache, verzerrte und unausgewogene Berichterstattung sowie missverständliche oder reißerische Artikel verstanden[17]. Sie kommt zu dem Schluss, dass ein Viertel der Aufmacher im *Chronicle* mindestens eine dieser Normen verletzten, während dies beim *Daily Graphic* lediglich neun Prozent waren. Die häufigsten Verstöße des *Chronicle* sind missverständliche oder reißerische Artikel (vgl. AKPATSA 2003: 17–21).

Entsprechend beider Journalismusdefinitionen ist die politische Bildung eine wichtige Aufgabe des Journalismus. Dabei wurde jeweils die Bedeutung der Medien bei Wahlen betont. Aus diesem Grund werden im Weiteren Studien zur Wahlkampfberichterstattung nach der Demokratisierung von 1992 präsentiert. Der Fokus liegt auf den Wahlen von 1996 und 2000, da hierzu die meisten Ergebnisse vorliegen.

Bei der Wahl von 1992[18] war die Herausgabe privater Zeitungen vor weniger als einem Jahr legalisiert worden und besonders zum Wahlkampf erschienen viele neue Zeitungen. Dies führte jedoch nicht zu einer medialen Debatte über die Programme und Themen der verschiedenen Parteien, sondern zu persönlichen

---

**17** Die Autorin erläutert die Kategorien nur beispielhaft und nicht allgemein, so dass die Intersubjektivität dieser Studie zweifelhaft ist.

**18** Eine Übersicht aller Wahlergebnisse seit 1951 findet sich in Abbildung A.2 im Anhang.

Angriffen gegen einzelne Politiker, und endete in einer Schlammschlacht. Die staatlichen Medien berichteten dagegen sachlicher, verzerrten aber das Bild zu Gunsten der Regierung Rawlings' (vgl. GADZEKPO 1997: 58–61).

Im Wahlkampf von 1996 änderte sich das Bild kaum. Zwar berichteten einige private Zeitungen ausgewogener. Aber wie vier Jahre zuvor fand keine thematische Diskussion statt. Stattdessen wurden wiederum Regierungsvertreter medial angegriffen. Außerdem berichteten die privaten Zeitungen entsprechend der Parteizugehörigkeit ihres Eigentümers. Aber auch die staatlichen Medien verzerrten das Bild des Wahlkampfes. So wurden Veranstaltungen und Programme der Opposition oftmals ignoriert oder negativ dargestellt. Dabei war besonders die *Ghanaian Times* aggressiv gegenüber der Opposition eingestellt (vgl. GADZEKPO 1997: 62–68). Die von HASTY und DEBRAH postulierte Dichotomie bestätigte sich erneut.

Aufgrund dieser unausgewogenen Berichterstattung beauftragte das Parlament die *National Media Commission* (NMC) bei der Wahl 2000, die zum ersten demokratischen Regierungswechsel führte, eine Beobachterrolle zu übernehmen. Des Weiteren wurden Richtlinien für die staatlichen Medien erarbeitet und Seminare für Journalisten veranstaltet. Auch fand ein regelmäßiger Austausch zwischen der NMC und den Parteien über die gesammelten Ergebnisse statt (vgl. BOADU-AYEBOAFOH 2001: 63–68). Sowohl die NMC als auch die Nichtregierungsorganisation *Ghana Center for Democratic Development* (CDD-Ghana) führten unabhängig voneinander Inhaltsanalysen über die Wahlkampfberichterstattung durch. Beide kamen zu dem Ergebnis, dass die staatlichen Medien zu Beginn des Wahlkampfes die Regierungspartei *National Democratic Congress* (NDC) mengenmäßig gegenüber der wichtigsten Oppositionspartei *New Patriotic Party* (NPP) bevorteilt hatten, je näher aber der Wahltermin rückte, desto ausgeglichener wurde die Berichterstattung, so dass in den letzten Wochen vor der Wahl kaum ein Unterschied festzustellen war. Bei den privaten Zeitungen wurde hingegen die Regierungspartei klar negativ dargestellt und die Opposition positiv (vgl. CDD-GHANA 2001: 9–22; NMC 2001: 10–12). Insgesamt wurde die Berichterstattung als ein großer Fortschritt gegenüber der Wahl von 1996 gewertet. Das generelle Vertrauen der Bevölkerung in die Medien stieg spürbar an und nach der Wahl bedankten sich sowohl NDC als auch NPP bei den Medien (vgl. BOADU-AYEBOAFOH 2001: 71–75).

Für die Wahlen von 2004 wurde ebenfalls festgestellt, dass die staatlichen Medien weitestgehend ausgeglichen über den Wahlkampf berichtet haben (vgl. GURI 2005: 3–4). Dahingegen verschob sich die Berichterstattung über den Wahlkampf 2008 in den staatlichen Zeitungen zu Gunsten der damaligen Regierungspartei NPP. Bei den privaten Zeitungen bevorzugte der *Daily Guide* die NPP, während der *Chronicle* ausgeglichen berichtete (vgl. COMMONWEALTH OBSERVER GROUP 2009: 28–31; EUROPEAN UNION ELECTION OBSERVATION MISSION 2009: 21–24).

## 2.3 Zusammenfassung

Im ersten Unterkapitel wurde gezeigt, dass die getroffenen Begriffsdefinitionen für staatliche und private Medien entsprechend der Eigentümerschaft im Rahmen dieser Studie sinnvoll sind.

Im zweiten Unterkapitel wurde zunächst theoretisch begründet, dass in den Ländern Afrikas südlich der Sahara zwei verschiedene Formen von Journalismus anzutreffen sind. Diese sind der auf Entwicklung fokussierte Entwicklungsjournalismus und der Journalismus westlicher Prägung, der im Gegensatz zum Entwicklungsjournalismus kein zentrales Ziel verfolgt.

Die beiden Konzepte wurden anhand mehrerer Studien über die demokratischen Staaten des subsaharischen Afrikas und besonders Ghana veranschaulicht, wobei der Fokus auf den Unterschieden zwischen staatlicher und privater Presse lag. Der überwiegende Teil der Studien zeigt, dass der Entwicklungsjournalismus eher in staatlichen Zeitungen und das westliche Journalismusverständnis tendenziell in privaten Zeitungen vorzufinden ist.

In Ghana kommt es seit dem Beginn der vierten Republik 1992 zu gewissen Veränderungen in der Presselandschaft, wobei die Grundkonstanten weiterhin Bestand haben. Demnach existiert eine Dichotomie zwischen den staatlichen und privaten Medien, die aber besonders seit dem Regierungswechsel von 2000 abnimmt. Die staatlichen Medien berichteten seitdem ausgeglichener und in den privaten Medien kommt es zu einem sachlicheren Ton. Unter Rawlings hingegen waren die Medien weitestgehend politische Vehikel ihrer Eigentümer. So wurde in den staatlichen Medien Rawlings stets positiv dargestellt, während die privaten Zeitungen nicht aufhörten ihn zu attackieren. Nun stellt sich die zentrale Frage, welches Journalismusverständnis in der staatlichen und privaten Presse heute, nach zwei demokratischen Regierungswechseln, vorherrscht. Diese und damit verwandte Fragen werden in den kommenden Kapiteln dieser Studie untersucht und beantwortet.

# 3 Forschungsdesign

Im vorherigen Kapitel wurde gezeigt, dass sich staatliche und private Medien aufgrund von wirtschaftlichen, politischen und sozialen Einflüssen voneinander unterscheiden. Des Weiteren gibt es in vielen subsaharischen Entwicklungsländern unterschiedliche Vorstellungen von Journalismus, die meist von der Eigentümerschaft des Mediums abhängig sind. Insbesondere für Ghana deuten die bisherige Ergebnisse auf solche Unterschiede hin.

## 3.1 Forschungsfragen und Hypothesen

Aus den beschriebenen Erkenntnissen lassen sich die zwei zentralen Forschungsfragen dieser Studie mit insgesamt sieben Hypothesen ableiten.

**Forschungsfrage 1**
Inwiefern unterscheiden sich staatliche und private Tageszeitungen in Ghana voneinander?

**Forschungsfrage 2**
Welche Ursachen haben diese Unterschiede?

**Hypothese 1.1**
Die staatlichen Tageszeitungen orientieren sich an der Vorstellung des Entwicklungsjournalismus, während die privaten Tageszeitungen dem westlichen Journalismusverständnis folgen.

**Hypothese 1.2**
Die staatlichen Tageszeitungen sind regierungsfreundlich eingestellt und stellen die Regierung entsprechend positiv dar. Die privaten Tageszeitungen sympathisieren mit bestimmten politischen Parteien und stellen diese positiv dar.

**Hypothese 2.1**
Die Unterschiede zwischen staatlichen und privaten Tageszeitungen liegen in der Pressestruktur begründet, die sich 1992 zu Beginn der vierten Republik in der Regierungszeit von Rawlings etabliert hat.

**Hypothese 2.2**
Die Unterschiede liegen in der unterschiedlichen redaktionellen Organisation der staatlichen und privaten Zeitungen begründet.

**Hypothese 2.3**
Die Unterschiede liegen in den Einstellungen der Journalisten in den staatlichen und privaten Zeitungen begründet.

**Hypothese 2.4**
Der Staat schützt die staatlichen Tageszeitungen vor Markteinflüssen, indem er auf dem Anzeigenmarkt zu ihren Gunsten aktiv wird.

**Hypothese 2.5**
Das ghanaische Mediensystem zählt zum polarisiert-pluralistische Modell nach HALLIN/MANCINI (2004).

## 3.2 Operationalisierung

Die Operationalisierung der Forschungsfragen, deren Beantwortung und die damit einhergehende Überprüfung der Hypothesen orientieren sich am Modell zur Identifikation von Journalismussystemen von SCHOLL/WEISCHENBERG (1998), das in Abbildung 3.1 dargestellt ist.

Das Modell bietet ein in verschiedenen Studien bewährtes Analyseraster zur Beschreibung und Untersuchung von Journalismussystemen. Es wird gewählt um möglichst präzise die Unterschiede und Gemeinsamkeiten der staatlichen und privaten Medien[19] und deren Ursachen zu untersuchen. Allerdings werden die einzelnen Ebenen des Modells in einer anderen Reihenfolge analysiert. Die Untersuchung bedient sich dabei eines Multi-Methoden-Ansatzes, der im Folgenden vorgestellt wird.

Zuerst werden in Kapitel 4 der *Normenkontext* und damit die gesellschaftlichen Rahmenbedingungen in Ghana erläutert. Dazu zählen insbesondere die Geschichte, rechtliche Bestimmungen sowie professionelle und ethische Standards. Dieser Bereich stellt die soziale Umwelt dar, in der die Medien und Journalisten arbeiten. Er wird aus Sekundärdaten analysiert und umfasst die Bereiche

19 Die Begriffe »Medien«, »Presse« und »Zeitungen« werden im Folgenden als Synonyme des Begriffs »Tageszeitungen« verwendet.

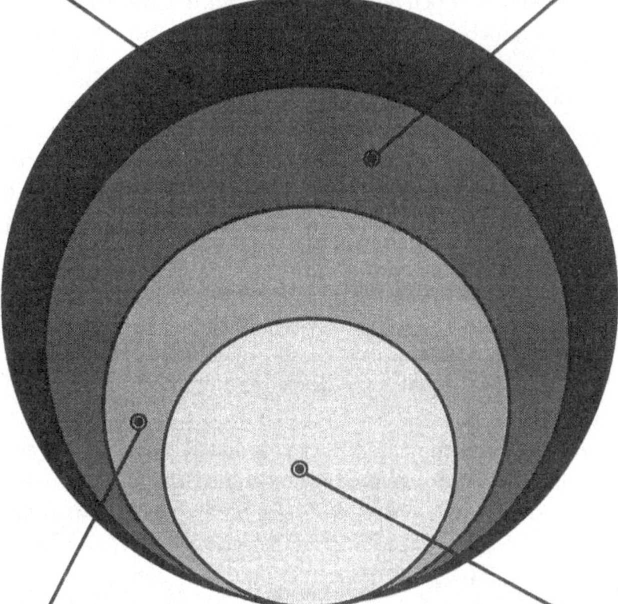


Quelle: Scholl/Weischenberg 1998: 21.

Abbildung 3.1: Modell zur Identifikation von Journalismussystemen

Geschichte, Politik, Recht, Wirtschaft und Gesellschaft sowie ihre Auswirkungen auf das Mediensystem. Dieses Kapitel dient zur Überprüfung von Hypothese 2.5, aber auch der Orientierung und Einführung zum besseren Verständnis der darauf folgenden Ergebnisse.

Danach werden in Kapitel 5 der *Funktionskontext* und damit die Medieninhalte untersucht. Dadurch soll ermittelt werden, ob Unterschiede zwischen den staatlichen und privaten Tageszeitungen existieren und somit Forschungsfrage 1 beantwortet werden. Die Analyse erfolgt auf der Grundlage von Primärdaten, die in einer Inhaltsanalyse erhoben wurden. Dabei wurden die Inhalte von insgesamt 20 Ausgaben der staatlichen Zeitungen *Daily Graphic* und *Ghanaian Times* sowie der privaten Zeitungen *Chronicle* und *Daily Guide* zwischen dem 1. Juni und 31. August 2009 untersucht.

In den darauf folgenden Kapiteln werden die Ursachen für die Unterschiede und damit Forschungsfrage 2 untersucht. Dabei wird zunächst mit dem *Strukturkontext* begonnen, bei dem die Struktur des Medienmarktes und die Organisation eines einzelnen Mediums im Vordergrund stehen. Dieser Bereich wird in Kapitel 6 behandelt und weitestgehend mit Primärdaten analysiert. Diese wurden mit den Methoden der teilnehmenden Beobachtung und der qualitativen Befragung erhoben. Dazu nahm der Verfasser jeweils vier Wochen lang als Journalist am Redaktionsalltag der staatlichen Zeitung *Daily Graphic* und dem privaten *Daily Guide* teil. In dieser Zeit fanden auch die Befragungen der beiden Chefredakteure statt.

Die Journalisten als Medienakteure werden in Kapitel 7 untersucht. Dabei handelt es sich um den *Rollenkontext*, d. h. welche Rolle die Journalisten einnehmen und was sie unter dieser verstehen. Auch hier wurden Primärdaten erhoben, wofür eine quantitative Journalistenbefragung von insgesamt 67 Redakteuren bei acht der neun überregionalen ghanaischen Tageszeitungen durchgeführt wurde.

# 4 Rahmenbedingungen des Mediensystems

Dieses Kapitel behandelt die gesellschaftlichen Rahmenbedingungen des Mediensystems und somit den Normenkontext entsprechend des Modells von SCHOLL/WEISCHENBERG (1998). Außerdem soll das Kapitel einen Überblick über Ghana im Allgemeinen bieten um das Verständnis der darauf folgenden Kapitel zu erleichtern. Dazu werden zuerst die sozioökonomischen Hintergründe erläutert und danach die geschichtlichen, politischen und rechtlichen Einflüsse auf das Mediensystem analysiert. Mit Hilfe dieser Analyse kann das ghanaische Mediensystem entsprechend der in Kapitel 2 vorgestellten Mediensystemklassifikation einem der drei von HALLIN/MANCINI (2004) entworfenen Modelle zugeordnet werden und somit Hypothese 2.5 untersucht werden.

## 4.1 Sozioökonomischer Überblick

### 4.1.1 Demographie

Dieser Abschnitt skizziert die Bevölkerungsentwicklung und -verteilung in Ghana. Dabei ist insbesondere die ethnische, linguistische und religiöse Zusammensetzung der Bevölkerung von Bedeutung, da sich hieran die Diversität der ghanaischen Gesellschaft zeigt.

Insgesamt leben in Ghana rund 24,3 Millionen Menschen, was einer Bevölkerungsdichte von 102 Personen pro Quadratkilometer entspricht – eine im Vergleich zum gesamten subsaharischen Afrika fast dreimal höhere Besiedlung. Die Bevölkerung wächst im Schnitt um zwei Prozent pro Jahr und die Fertilitätsrate liegt bei durchschnittlich vier Kindern pro Frau. Somit wächst die ghanaische Bevölkerung geringfügig langsamer als die gesamte subsaharische Population, deren Wachstum bei 2,4 Prozent liegt.

Abbildung 4.1 zeigt die Alterspyramide Ghanas. Sie nimmt die für Entwicklungsländer typische Pagodenform an, bei der die Basis der Pyramide breiter ist, so dass die Bevölkerung zum größten Teil aus jungen Menschen besteht. In Ghana beträgt das Medianalter dementsprechend 21 Jahre.

In Ghana kommt es ebenfalls zu einem für Entwicklungsländer typischen Prozess der Urbanisierung. Während 1960 ein Viertel der Bevölkerung in der Stadt wohnte, ist es heute mehr als die Hälfte. Der Stadt-Land-Gegensatz spiegelt sich

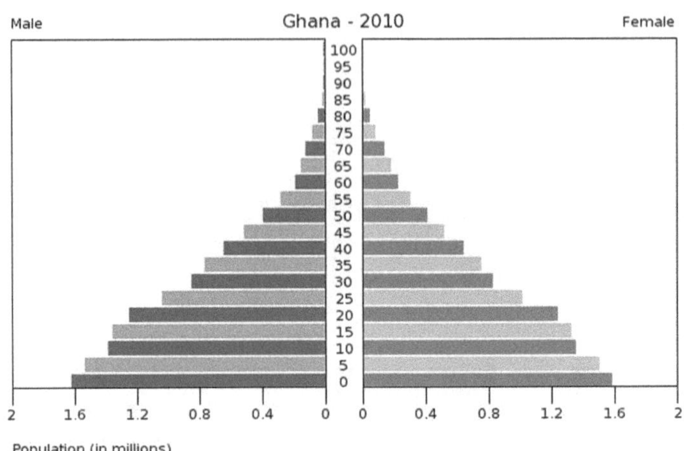


Quelle: U. S. Census Bureau 2010.

Abbildung 4.1: Alterspyramide von Ghana

vor allem im Analphabetismus wider, so leben 70 Prozent der Analphabeten auf dem Land. Insgesamt beträgt die Alphabetisierungsrate 66 Prozent (vgl. GSS 2005: 32; GSS 2007: 10; UNDP 2010c: 184–196).

Der *Ghana Statistical Service* (GSS) teilt die Bevölkerung Ghanas nach Sprachgruppen in acht ethnische Hauptgruppen und insgesamt 52 ethnische Untergruppen. Abbildung 4.2 gibt einen Überblick über die Zusammensetzung der Bevölkerung anhand des Zensus von 2000 und Abbildung 4.3 über die geographische Verteilung[20].

Es wird ersichtlich, dass die Akan die Hälfte der ghanaischen Bevölkerung ausmachen. Ihr Hauptsiedlungsgebiet liegt im Süden des Landes in den Regionen Ashanti, Brong-Ahafo, Central, Eastern, Greater Accra und Western. Die Ewe sind vor allem in der Volta Region anzutreffen und die Ga-Dangme in der Greater Accra Region. Die übrigen Ethnien finden sich sich überwiegend in den drei nördlichen Regionen Northern, Upper East und Upper West (vgl. GSS 2005: 18–23).

**20** Die Einteilung der ethnischen Gruppen, insbesondere die Grenzziehung, ist umstritten, wie überhaupt die Definition des Begriffs »Ethnie«. Da dieser Abschnitt nur einen Überblick über die Zusammensetzung der Bevölkerung geben soll, wird im Weiteren der Einteilung des GSS nach Sprachgruppen gefolgt. Ein Überblick über die Begriffsdiskussion findet sich bei Eriksen (1994).

| Hauptgruppe | Anteil (%) | größte Untergruppen |
|---|---|---|
| Akan | 49,1 | Aschanti, Fante, Boron (Brong, Banda) |
| Mole Dagbon | 16,5 | Dagomba, Dagarte (Dagaba), Namnam Frafra |
| Ewe | 12,7 | |
| Ga-Dangme | 8,0 | Dangme, Ga |
| Guan | 4,4 | Gonja |
| Gurma | 3,9 | Kokomba |
| Grusi | 2,8 | Sisala |
| Mande | 1,1 | Busanga |
| andere | 1,5 | |

Quelle: GSS 2005: 18.

Abbildung 4.2: Ethnische Zusammensetzung der ghanaischen Bevölkerung

Da die Ethnien laut GSS als Sprachgruppen definiert sind, geht diese ethnische Vielfalt mit linguistischer Diversität einher. Zwar gehören alle Sprachen der Niger-Kongo-Sprachfamilie und deren Primärzweig der Volta-Kongo-Sprachen[21] an, jedoch unterscheiden sich die Sprachen des Nordens und Südens. Die südlichen Sprachen der Akan, Ewe und Ga-Dangme aber auch Guan werden zum Kwa-, die übrigen nördlichen zum Gur-Zweig gezählt (vgl. Nukunya 2003: 215; Williamson/Blench 2000: 18–27). Um keine Sprache zu bevor- oder nachteilen wird Englisch, die Sprache der ehemaligen Kolonialmacht, als Amts- und Verkehrssprache verwendet.

Neben den unterschiedlichen Sprachen im Norden und Süden des Landes gibt es noch weitere kulturelle Unterschiede, so dass Herskovits (1930) bei seiner Einteilung Afrikas in kulturelle Regionen Ghanas nördlichen Teil der Westlichen Sudan-Region zuordnet und den südlichen der Guinea-Region (vgl. 67, 72–75). Die Gründe dafür liegen zum einen an den klimatischen Bedingungen, da im Süden ein relativ feuchtes Klima herrscht, während der Norden durch trockene Savannen geprägt ist. Andere kulturelle Unterschiede liegen beispielsweise in der Architektur, aber auch in der Religionszugehörigkeit begründet. Während im Norden des Landes der Islam dominiert, ist im Süden das Christentum vorherrschend. Traditionelle Religionen finden sich über das ganze Land verteilt,

21 Die Mande-Sprachen bilden einen eigenen Primärzweig, spielen aber nur eine untergeordnete Rolle, da nur ein Prozent der Bevölkerung sie spricht (s. Abbildung 4.2).

Quelle: Lentz/Nugent 2000: 11.

Abbildung 4.3: Ethnien in Ghana

besonders in ländlichen Regionen, und mischen sich oftmals mit den beiden abrahamitischen Religionen (vgl. NUKUNYA 2003: 120–132).

### 4.1.2 Wirtschaftliche Rahmenbedingungen

Ghana ist ein Entwicklungsland. Abbildung 4.4 gibt einen Eindruck vom Entwicklungsstand im Vergleich zur übrigen Welt, Afrika südlich der Sahara und Westafrika. Die Indizes zeigen, dass Ghana weltweit im unteren Viertel des allgemeinen Entwicklungsstands rangiert, wo sich vor allem Entwicklungsländer aus dem subsaharischen Afrika finden. Innerhalb Afrikas südlich der Sahara befindet sich Ghana in der oberen Hälfte, während die Spitzenränge vor allen von den Ländern des südlichen Afrikas und den ölreichen Ländern Gabun und Äquatorialguinea belegt werden. In Westafrika gehört Ghana zu den am weitesten entwickelten Ländern. Die besonders guten Plätze im *Legatum*-Index gehen auf das demokratische System des Landes zurück.

| Indikator | globale Position | Position in Afrika[a] | Position in Westafrika |
|---|---|---|---|
| BIP/Kopf (PPP[b]) | 134 von 180 | 12 von 46 | 2 von 16 |
| HDI[c] | 130 von 169 | 12 von 44 | 2 von 16 |
| *Legatum*[d] | 90 von 110 | 4 von 19 | 1 von 4 |

Quellen: IMF 2011; Legatum Institute 2010: 2–3; UNDP 2010b.

**a** Afrika südlich der Sahara.

**b** Kaufkraftparität (*Purchasing power parity*) (PPP); Daten von 2010.

**c** *Human Development Index* (HDI): berücksichtigt neben dem BIP auch die Alphabetisierung und Lebenserwartung; Daten von 2010.

**d** *Legatum Prosperity Index:* bildet sich aus insgesamt 89 wirtschaftlichen, sozialen und politischen Indices; Daten von 2010.

Abbildung 4.4: Der ghanaische Entwicklungsstand im Vergleich

Die ghanaische Wirtschaft wächst seit 1984 kontinuierlich und ist zu einer relativen makroökonomischen Stabilität gelangt, während die Jahre davor von wiederholten Schocks und langanhaltendem negativem Wachstum gekennzeichnet waren. Im Schnitt wuchs die ghanaische Wirtschaft pro Kopf in den vergangenen sechs Jahren um 3,4 Prozent, so dass sich der Pro-Kopf-Wohlstand bei dieser Wachstumsrate in 21 Jahren verdoppeln würde (vgl. ARYEETEY/KANBUR 2008: 5–7; IMF 2011).

Allerdings dürfen Wachstum und wirtschaftliche Stabilität nicht über die weiterhin herrschende Armut und Arbeitslosigkeit hinwegtäuschen. So verfügt knapp ein Drittel der Bevölkerung über weniger als 1,25 US-Dollar pro Tag. Insgesamt gelten 1,7 Millionen Menschen und damit acht Prozent der Bevölkerung als unterernährt. Allerdings lag diese Zahl 1990 um drei Viertel höher. Ein Viertel hat keinen Zugang zu sauberem Trinkwasser. Die durchschnittliche Lebenserwartung bei der Geburt beträgt 57 Jahre. Die Arbeitslosenquote lag 2000 bei rund zehn Prozent (vgl. ILO 2011; UNDP 2010a; UNDP 2010c: 174).

Es gibt eine Vielzahl von Gründen, warum trotz des anhaltenden Wachstums ein Großteil der Bevölkerung in Armut lebt. Einer der Hauptgründe ist der mangelnde Strukturwandel. Ghana ist weiterhin ein Agrarland: ein Drittel des BIP wird in der Landwirtschaft generiert und 40 Prozent der Bevölkerung arbeiten in diesem Sektor. Die Anteile an der Gesamtproduktion der drei Sektoren Landwirtschaft, Industrie und Dienstleistung sind seit zehn Jahren stabil. Dies liegt vor allem an der wenig produktiven Landwirtschaft. Da viele Menschen mit einfachsten Mitteln der Subsistenzwirtschaft nachgehen um zu überleben, können sie nicht in den wesentlich produktiveren Industrie- und Dienstleistungssektoren arbeiten. Außerdem ist der Zugang zu Krediten im ganzen Land, besonders aber in den ländlichen Gebieten, aufgrund des mangelhaften Banken- und Finanzwesens kaum vorhanden. Deshalb erhöhen sich der dortige Kapitalstock und die Produktivität kaum (vgl. ARYEETEY/KANBUR 2008: 5–12; ISSER 2009: 10–14).

Ein weiteres schwerwiegendes Problem ist die Korruption. Sie wird von den Ghanaern als weit verbreitet wahrgenommen. Besonders im Bereich der öffentlichen Beschaffung, die 14 Prozent des BIP ausmacht, kommt es zu Schmiergeldzahlungen. Dadurch setzen sich bei Ausschreibungen qualitativ minderwertige Angebote durch. Aber auch bei den Staatseinnahmen kommt es zu Korruption, so verlangen Finanzbeamte höhere Steuern von unwissenden Bürgern oder lassen gegen Schmiergeldzahlungen Steuerhinterziehung zu. Dadurch verringern sich zum einen die Staatseinnahmen und zum anderen verschlechtert sich das Geschäfts- und Investitionsklima (vgl. AZEEM 2009: 180–184).

Außerdem war Ghana in der Vergangenheit immer wieder von internationalen Wirtschaftskrisen betroffen. Spekulationen führten 2007 zu steigenden Nahrungsmittelpreisen auf dem Weltmarkt, so dass sich die Lebensmittel verteuerten. Der steigende Ölpreis führte besonders 2008 zu einer erheblichen Erhöhung der Benzinpreise. Die weltweite Finanz- und Wirtschaftskrise seit 2009 betrifft Ghana indirekt durch einen Rückgang der Exporte und Transferzahlungen von Ghanaern im Ausland. Außerdem wird befürchtet, dass die entwickelten Staaten Gelder für die Entwicklungszusammenarbeit nicht wie geplant erhöhen oder sogar reduzieren. Dabei hängen die Staatseinnahmen zu mehr als einem

Fünftel von ausländischen Geldern ab. Durch die genannten Krisen kam es 2009 zu einer für ghanaische Verhältnisse relativ hohen Inflation in Höhe von 19 Prozent (vgl. IMF 2011; ISSER 2009: 1–10; Ministry of Finance & Economic Planning 2010).

Des Weiteren fehlt es an öffentlicher Infrastruktur, besonders in den Bereichen Energie- und Wasserversorgung, Verkehr sowie Informations- und Kommunikationstechnologien. Besonders entscheidend wird für die nahe Zukunft sein, wie die 2007 entdeckten Ölvorkommen genutzt werden und wie sich die Weltmarktpreise für Kakao, Kaffee und Gold – die Hauptexportgüter – entwickeln (vgl. ISSER 2009: 22–30, 194–196).

## 4.2 Geschichtliche Rahmenbedingungen

### 4.2.1 Die Goldküste unter britischer Herrschaft

Die Mediengeschichte des heutigen Ghanas beginnt am 2. April 1822 mit der Veröffentlichung der Zeitung *Royal Gold Coast Gazette and Commercial Intelligencer* in Cape Coast durch den Gouverneur der britischen Siedlungen, Charles McCarthy. Einen Teil des Titelblattes der ersten Ausgabe zeigt Abbildung 4.5. Die Zeitung erschien zwei Jahre lang bis zu seinem Tod 1824 und sollte den Einfluss der Briten an der Goldküste sichern und ausdehnen. Zu dieser Zeit waren die Briten zwar bereits die mächtigste europäische Nation an der Goldküste, befanden sich jedoch im Krieg mit dem Aschantireich. Außerdem verfügten die Niederlande und Dänemark dort über Forts. Nach dem Tod McCarthys dauerte es 33 Jahre, bis 1857 wieder eine Zeitung erschien. Dies war der handgeschriebene *Accra Herald*, der von Afrikanern herausgegeben wurde.

Die Goldküste[22] wurde 1874 britische Kolonie, da die anderen europäischen Mächte von den Briten verdrängt und die Aschanti 1874 vernichtend geschlagen wurden. Das Aschantireich und die nördlichen Regionen des heutigen Ghanas wurden 1902 annektiert und Teil der Goldküste. Ebenfalls 1874 erschien mit der *Gold Coast Times* eine Zeitung, die besonders für ihre Kritik an der britischen Kolonialmacht bekannt wurde. Andere Zeitungen folgten diesem Vorbild, was 1921 dazu führte, dass die Kolonialverwaltung mit dem *Gold Coast Pioneer* ein eigenes Medium herausgab. Besonders vor dem zweiten Weltkrieg kam es zu

**22** Zunächst wurde lediglich der Küstenstreifen des heutigen Ghanas als Goldküste bezeichnet. Die Briten übernahmen 1874 diesen Namen für ihre gesamte Kolonie. Der größte Teil des heutigen Staatsgebiet von Ghana stimmt mit dem kolonialen Territorium überein. Bis 1956 war der östliche Teil des heutigen Ghanas jedoch Teil des Protektorats Britisch-Togoland und vor 1918 der deutschen Kolonie Togoland.

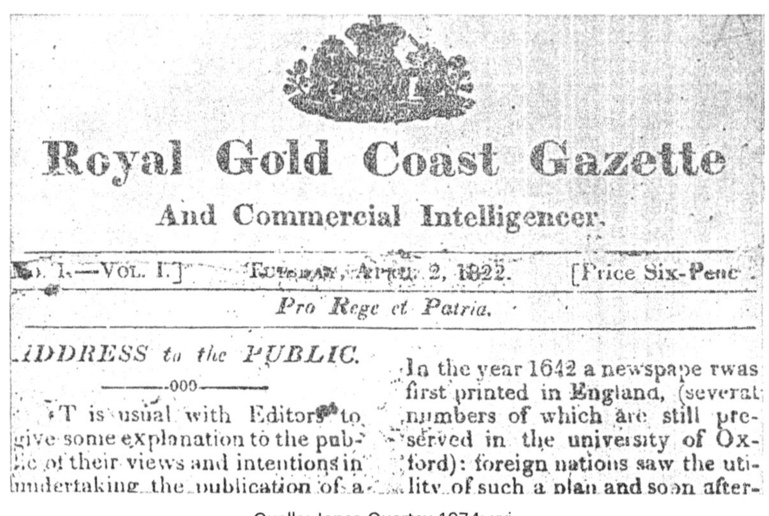

Royal Gold Coast Gazette

And Commercial Intelligencer.

No. 1.—Vol. I.] Tuesday, April 2, 1822. [Price Six-Pence.

*Pro Rege et Patria.*

*ADDRESS to the PUBLIC.*

-ooo-

IT is usual with Editors to give some explanation to the public of their views and intentions in undertaking the publication of a

In the year 1642 a newspaper was first printed in England, (several numbers of which are still preserved in the university of Oxford): foreign nations saw the utility of such a plan and soon after-

Quelle: Jones-Quartey 1974: xvi.

Abbildung 4.5: Erste Ausgabe der *Royal Gold Coast Gazette and Commercial Intelligencer*

einer erheblichen Ausdehnung der publizistischen Aktivität, da sich immer mehr Widerstand gegen die Kolonialmacht regte. In dieser Zeit wurde beispielsweise der *Ashanti Pioneer* gegründet. Nach dem Krieg nahm der Druck noch weiter zu. Der bei der Bevölkerung populäre Kwame Nkrumah und spätere erste Staats- und Regierungschef forderte die sofortige Unabhängigkeit und nutzte seine Zeitung *Accra Evening News* um dieser Forderung Nachdruck zu verleihen. Im Jahr 1950 gründete der britische Zeitungsmagnat Cecil King den *Daily Graphic*. Dieser versuchte möglichst neutral über die Kolonialverwaltung und die Unabhängigkeitsbewegung zu berichten. Die 1950er Jahre waren die Hochphase des Kampfes um Unabhängigkeit, was sich auch in erhöhter publizistischer Aktivität zeigte. Die gesetzgebende Versammlung der Goldküste beschloss 1956 die Unabhängigkeit und am 6. März 1957 wurde Ghana als erster afrikanischer Staat südlich der Sahara in die Unabhängigkeit entlassen (vgl. Amenumey 2008: 110–215; Asante 1996: 1–8; Jones-Quartey 1974: 1–25).

### 4.2.2 Ghana seit der Unabhängigkeit

#### Erste Republik und erste Militärregierung (1957-1969)

Ghana war nun eine gleichberechtigte Nation im britischen Commonwealth. Als Premierminister der Goldküste wurde Kwame Nkrumah auch Premier Ghanas, während Königin Elisabeth II., vertreten durch einen Generalgouverneur, Staatsoberhaupt war. Nkrumah erachtete die Presse von Beginn an als Instrument für wirtschaftliches Wachstum, nationale Integration und den afrikanischen Befreiungskampf. Aus diesem Grund gründete er auch 1957 die erste subsaharische Nachrichtenagentur *Ghana News Agency* (GNA). Um mit dem technisch fortschrittlichen *Daily Graphic* Schritt zu halten, wurde die *Ghanaian Times* gegründet. Somit dominierten vier private Tageszeitungen den ghanaischen Markt: der gemäßigte und neutrale *Graphic* im Eigentum von Cecil King, die *Evening News* und die *Ghanaian Times* als Organe Nkrumahs und seiner Partei, der *Convention People's Party* (CPP), sowie der *Ashanti Pioneer* als Organ der oppositionellen *United Party*.

Nkrumah jedoch wollte die gesamte Presse unter seine Kontrolle bringen. Deshalb wurden die Kontrollmaßnahmen verschärft und die privaten Zeitungen verstaatlicht. So wurden 1958 mit dem *Preventive Detention Act* de facto die Meinungsfreiheit und der Rechtsstaat abgeschafft. Dieses Gesetz erlaubte es Personen bis zu fünf, später zehn Jahre ohne Gerichtsverhandlung in Haft zu nehmen, wenn sie die Sicherheit Ghanas gefährdeten. Außerdem wurde 1960 die Vorzensur und 1963 die Lizenzpflicht für Presseerzeugnisse eingeführt. Nach der Präsidentschaftswahl und der Ausrufung der Republik 1960 wurde Ghana 1962 ein Einparteienstaat, in dem Nkrumah eine sozialistische Politik verfolgte. In der Folge verschwanden kritische Stimmen aus der Gesellschaft und den Medien. Des Weiteren verbot Nkrumah 1960 den *Pioneer* und die ghanaische Regierung kaufte 1962 den *Graphic*. Nun waren alle Medien im Staats- und Parteibesitz und wurden zentral durch das Informationsministerium dirigiert. Somit kontrollierte Nkrumah fast alle Medien im gesamten Land (vgl. Amenumey 2008: 216–236; Asante 1996: 13–35).

Nkrumah wurde 1966 während eines Auslandsaufenthaltes von rechtsgerichteten Militärs und Polizisten gestürzt. Joseph Arthur Ankrah als Vorsitzender der neuen Militärregierung *National Liberation Council* (NLC) wurde Staatschef. Der NLC verfolgte eine pro-westliche marktwirtschaftliche Politik. Auch schaffte er den *Preventive Detention Act* ab, so dass ein gewisser Grad an Meinungsfreiheit entstand. Die Zeitungen blieben allerdings staatliches Eigentum und wurden ebenfalls vom NLC dirigiert. Jedoch entstanden neue private Zeitungen wie der *Evening Standard* oder die Neuauflage des *Pioneer*. Ankrah trat

1969 zurück und wurde durch Akwasi Afrifa ersetzt, der wenige Monate vor den Parlamentswahlen die drastischen Pressegesetze aufhob (vgl. AMENUMEY 2008: 236–242; ASANTE 1996: 37–50).

### Zweite Republik und zweite, dritte und vierte Militärregierung (1969–1979)

Die zweiten demokratischen Wahlen seit der Unabhängigkeit gewann 1969 die liberal-konservative *Progress Party* (PP), deren Vorsitzender Kofi Abrefa Busia die Regierungsgeschäfte als Premierminister übernahm. Der Regierungschef vertrat seine liberalen Positionen auch im Hinblick auf die Presse, so war auch Kritik an seiner Person selbst erlaubt, was unter Nkrumah oder dem NLC undenkbar gewesen wäre. Allerdings duldete Busia keine uneingeschränkte Kritik. So wurde der Chefredakteur des *Graphic* nach mehrfacher Kritik an Busias Südafrika-Politik entlassen (vgl. AMAMOO 2007: 150–164; ASANTE 1996: 51–58).

Nach zweieinhalb Jahren fand auch die zweite Republik ihr Ende durch einen Militärputsch. 1972 übernahm der *National Redemption Council* (NRC) unter Ignatius Kutu Acheampong die Macht. Parteien wurden verboten, das Parlament aufgelöst und die Verfassung außer Kraft gesetzt. Acheampong wollte seine Politik der »nationalen Einheit« auch mit Hilfe der Presse umsetzen. Folglich wurden alle Chefredakteure der staatlichen Zeitungen durch NRC-loyale Personen ersetzt. Des Weiteren wurde die private Presse kurzfristig verboten und später eine Lizenzpflicht eingeführt. Dies bedeutete u. a. das Aus für den *Legon Observer*. Der *Pioneer* erschien weiterhin, berichtete nun aber regierungsfreundlich. Mit dem *Prohibition of Rumours Decree* wurde dann 1977 auch per Gesetz die Meinungs- und Medienfreiheit abgeschafft. Da Acheampong beabsichtigte die Militärregierung als dauerhaftes *Union Government* mit ihm an der Spitze einzurichten, nahm die Kritik an ihm in der Bevölkerung aber auch in militärischen Kreisen deutlich zu, so dass es 1978 zu einem weiteren Militärputsch kam und Fred Akuffo die Macht übernahm. Er bereitete das Land auf den Übergang zur Demokratie vor, wurde aber wiederum von Jerry John Rawlings 1979 geputscht. Dieser ließ eine so genannte »house-cleaning exercise« (ASANTE 1996: 73) vornehmen und u. a. die ehemaligen Staatsoberhäupter Afrifa, Acheampong und Akuffo hinrichten. Am Ende der vierten Militärregierung hatte die Presse jede Glaubwürdigkeit verloren und galt als Machtinstrument der jeweiligen Regierung (vgl. AMENUMEY 2008: 249–260; ASANTE 1996: 59–75).

### Dritte Republik und fünfte Militärregierung (1979–1992)

Hilla Limann gewann die Präsidentschaftswahl 1979 für die *People's National Party* (PNP). Er vertrat die sozialistischen Ideale Nkrumahs, nichtsdestoweniger genossen die Medien während seiner Amtszeit ausgedehnte Rechte und Freiheiten. Unter seiner Regierung wurde die *Press Commission* ins Leben gerufen. Sie bestand aus Vertretern verschiedener Berufsverbände, sozialer und politischer Gruppen. Ihre Hauptaufgabe bestand in der Ernennung der Direktoren und Chefredakteure der staatlichen Medien. Durch diesen Schritt sollte der Regierungseinfluss reduziert werden. Die *Press Commission* ist somit ein Vorläufer der heutigen NMC. Des Weiteren wurden die staatlichen Zeitungen restrukturiert und die bis heute bestehenden staatlichen Unternehmen *Graphic Communications Group Ltd.* und die *New Times Corporation* gegründet. Aufgrund der neu gewonnen Freiheiten konnten die Medien wieder kritischer berichten und an Glaubwürdigkeit gewinnen (vgl. Amenumey 2008: 261–264; Asante 1996: 77–91).

Am 31. Dezember 1981 putschte Rawlings zum zweiten Mal. Er übernahm als Vorsitzender des *Provisonal National Defense Council* (PNDC) die Macht und stand an der Spitze der letzten ghanaischen Militärregierung. Rawlings sah die Medien als Vehikel für seine sozialistische Politik. Dementsprechend ersetzte er die Chefredakteure der staatlichen Zeitungen mit Gefolgsleuten und verschärfte das Medienrecht. Einige private Zeitungen wie der *Chronicle* wurden verstaatlicht, andere wurden mit Gewalt auf die Regierungslinie gebracht. Neue private Zeitungen widmeten sich deshalb sensationalistischen aber unpolitischen Themen wie Sex, Kriminalität und Hexerei. Außerdem kam es zu einem Boom der Lotto- und Sportzeitungen. Folglich gab es wie unter Nkrumah und den vorherigen Militärregierungen keine oppositionellen Stimmen in den Medien. Jedoch mehrten sich Ende der 1980er Jahre die kritischen Stimmen aus dem In- und Ausland, so dass Rawlings 1988 einen ersten Entwurf für die Rückkehr zur Demokratie vorstellte. 1991 wurde die Lizenzpflicht aufgehoben und 20 neue Zeitungen entstanden. Mit einem Referendum wurde 1992 die neue demokratische Verfassung angenommen (vgl. Amenumey 2008: 272–277; Asante 1996: 93–114).

### Vierte Republik (seit 1992)

Rawlings wurde in einer freien und fairen Wahl 1992 zum Präsidenten gewählt und 1996 im Amt bestätigt. Die Entwicklung der Presse unter Rawlings ziviler Herrschaft wurde bereits ausführlich im Abschnitt 2.2.4 beschrieben. Demnach standen sich staatliche und private Presse feindlich gegenüber, da die staatliche regierungsfreundlich berichtete, während die private Presse das Sprachrohr der oppositionellen NPP war. Nach dem Sieg John Agyekum Kufuors und der NPP in der Präsidentschaftswahl 2000 mäßigte sich allerdings die Berichterstattung in beiden Zeitungsarten, wodurch die Rollenverteilung unklarer geworden ist (vgl. Hasty 2005: 42–46, 112–123, 165–168). 2008 setzte sich John Atta Mills vom NDC bei der Präsidentschaftswahl mit einem Vorsprung von 40 586 Stimmen oder 0,46 Prozent gegen den NPP-Kandidaten Nana Akufo-Addo durch.

## 4.3 Politische Rahmenbedingungen

### 4.3.1 Politisches System

Das politische System der Republik Ghana konstituiert sich formell durch die Verfassung von 1992. Sie orientiert sich an der präsidentiellen US-Verfassung, weist jedoch einige bedeutende Unterschiede auf. So gibt es stärkere Elemente der Gewaltenverschränkung zwischen Exekutive und Legislative. Aufgrund der dadurch geringeren Gewaltenteilung geht Ayee (2000) von einem semi-presidentiellen System aus (vgl. 89). Allerdings fehlt im ghanaischen System das dafür entscheidende Merkmal der doppelten Exekutive, bestehend aus einem mächtigen direkt-gewählten Staatsoberhaupt und einem vom Parlament bestimmten Regierungschef (vgl. Durverger 1980: 166).

#### Staatsgewalten

An der Spitze der *Exekutive* steht der Präsident. Dieser ist seit 2008 John Atta Mills vom NDC. Er ist Staatsoberhaupt, Regierungschef und Oberbefehlshaber der Streitkräfte. Seine Hauptaufgabe ist die Ausführung der Gesetze. Er wird alle vier Jahre direkt vom Volk gewählt und darf maximal zwei Amtszeiten regieren. Der Präsident ernennt bei Zustimmung durch das Parlament die Minister. Dabei muss die Mehrheit der Minister gleichzeitig Abgeordnete im Parlament sein. Der Präsident unterzeichnet die vom Parlament verabschiedeten Gesetze und hat ihm gegenüber gleichzeitig ein Vetorecht. Dabei kann ein Veto aber mit einer Zwei-Drittel-Mehrheit vom Parlament überstimmt werden (vgl. 1992 Constitution of Ghana 1996: Art. 57–82, 106).

Die *Legislative* obliegt dem Parlament. Es besteht aus einer Kammer mit 230 Abgeordneten, die je einen Wahlkreis vertreten. Momentan stellt der NDC mit 115 Sitzen die stärkste Fraktion. Das Parlament wird alle vier Jahre zeitgleich mit dem Präsidenten nach dem Prinzip der einfachen Mehrheitswahl *(first-past-the-post/winner-takes-all)* gewählt. Das Initiativrecht liegt für alle Gesetzesvorlagen beim Parlament, außer sie betreffen bestimmte finanzielle Fragen wie Steuererhöhungen. In diesem Fall hat der Präsident das Initiativrecht (vgl. 1992 CONSTITUTION OF GHANA 1996: Art. 50, 93–114).

Das höchste Gericht Ghanas und damit die Spitze der *Judikative* ist der *Supreme Court*. Die Richter des *Supreme Court* werden vom Präsidenten bei Zustimmung durch das Parlament ernannt. Ihre Amtszeit endet, sobald sie ein Alter von 70 Jahren erreichen. Der *Supreme Court* ist gleichzeitig das höchste Revisionsgericht und hat auch die Kompetenz der Verfassungsgerichtsbarkeit (vgl. 1992 CONSTITUTION OF GHANA 1996: Art. 125–145).

## Politische Gliederung

Ghana ist ein Einheitsstaat. Die Republik ist in zehn Regionen gegliedert, die zentral aus Accra von den jeweiligen Regionalministern verwaltet werden. Die Regionen unterteilen sich wiederum in Bezirke. Diese genießen einen gewissen Grad an Autonomie und verfügen über kommunale Parlamente (vgl. 1992 CONSTITUTION OF GHANA 1996: Art. 4, 240–256).

## *Chieftaincy*

Unter *Chieftaincy* (Häuptlingstum) werden die traditionellen politischen und sozialen Institutionen in Ghana zusammengefasst, die bereits vor dem Kontakt mit den Europäern existierten. Diese Institutionen sind per Verfassung garantiert und im Wesentlichen unabhängig vom Staat (vgl. 1992 CONSTITUTION OF GHANA 1996: Art. 270). Offiziell haben die traditionellen Autoritäten – *Chiefs* genannt – kaum Machtbefugnisse, sondern repräsentierten lediglich die ihnen unterstellten Regionen. Allerdings kommt ihnen in dreierlei Weise eine besondere und mächtige Rolle zu. Zum einen werden die traditionellen Autoritäten häufig zur Streit- und Konfliktschlichtung herangezogen, so dass sie besonders in ländlichen Regionen eine Alternative zu den staatlichen Gerichten darstellen. Eine weitere bedeutsame Aufgabe ist die treuhänderische Verwaltung der traditionellen Landflächen (*stool and skin lands*), die rund 80 Prozent der ghanaischen Gesamtfläche ausmachen. Gerade in agrarisch geprägten ländlichen Gegenden und in randstädtischen Regionen mit knappem Wohnraum kommt ihnen bei der Landvergabe eine mächtige Position zu. Des Weiteren habe die *Chiefs* oft eine besondere religiöse Stellung (vgl. 1992 CONSTITUTION OF GHANA 1996: Art. 267; UBINK 2008: 135–140, 152–157; UBINK/QUAN 2008: 199–200).

### 4.3.2 Parteienlandschaft

Seit der ersten freien Wahl zu Kolonialzeiten 1951 wird Ghanas politisches System von zwei politischen Traditionen dominiert: der *Danquah/Busia-* und *Nkrumah-*Tradition. Die Übersicht der Wahlergebnisse seit 1951 in Abbildung A.2 im Anhang veranschaulicht die Bedeutung der beiden Strömungen. Neben ideologischen und sozialen Aspekten ist ein Grund dafür auch das relative Mehrheitswahlrecht und das Verbot ethnischer, regionaler oder religiöser Parteien. Beide Linien finden ihren Ursprung im Kampf um die Unabhängigkeit während der 1930er bis 1950er Jahre. Andere Parteien spielen nur eine untergeordnete Rolle. Die Danquah/Busia-Linie kann bis auf die *Gold Coast Youth Conference* der 1930er zurückgeführt werden und konstituierte sich 1946 als *United Gold Coast Convention* (UGCC) mit Joseph Boakye Danquah als Vorsitzendem. Kofi Abrefa Busia führte das Erbe mit der *Progress Party* in der zweiten Republik fort und heute wird die Linie durch die NPP repräsentiert. Nkrumah begründete die nach ihm benannte Tradition mit der Gründung der *Convention People's Party*. Die Ursprünge der Nkrumah-Tradition können aber bereits in der *West African Youth League* von 1934 gesehen werden. Der NDC wird heute der Nkrumah-Linie zugeordnet[23] (vgl. AMENUMEY 2008: 193–196; MORRISON 2004: 422–423).

Die beiden Linien standen sich immer oppositionell gegenüber und repräsentieren dementsprechend verschiedene Ideologien. Die Danquah/Busia-Tradition entstammt der urbanen, politischen und wirtschaftlichen Elite des Landes bestehend aus Kaufleuten, Geschäftsleuten, Intellektuellen und Akademikern, insbesondere Rechtsanwälten. Ideologisch ist diese Linie liberal und marktwirtschaftlich orientiert. Ihr Politikstil ist gemäßigter Natur. Besonders in der Ashanti und Eastern Region hat sie ihr Stammgebiet. Diese Landesteile sind größtenteils von den Ethnien der Aschanti und Akyem bewohnt. Der Grund für diese Sympathie liegt vor allem an einer Allianz zwischen den traditionellen Herrschern der Aschanti und der Danquah/Busia-Linie zum Ende der Kolonialzeit.

Die Nkrumah-Tradition rekrutiert sich vor allem aus Angestellten, Arbeitern, Landwirten, Studenten, Lehrern, Marktfrauen, Arbeitslosen und – besonders seit Rawlings – Soldaten. Nkrumah verfolgte eine sozialistische Politik, während sich der NDC heute als sozialdemokratische Partei definiert. Der Politikstil ist besonders unter Nkrumah und Rawlings von Populismus geprägt gewesen. Die Stammregion des NDC ist die Volta Region. Dort leben hauptsächlich Ewe, denen auch Rawlings angehört, was der Hauptgrund für diese traditionelle Sym-

23 Allerdings beansprucht die heutige CPP ebenfalls das Erbe Nkrumahs zu vertreten. Jedoch spielt sie im politischen Alltag so gut wie keine Rolle. Ihr Präsidentschaftskandidat Paa Kwesi Nduom erhielt bei der vergangenen Wahl lediglich 1,3 Prozent der Stimmen.

pathie ist. Allerdings zählen die drei nördlichen Regionen Northern, Upper East und Upper West ebenfalls zu den Stammgebieten des NDC, wobei dieser Trend rückläufig ist (vgl. MORRISON 2004: 423–427; WHITFIELD 2009: 627–634).

Seit 1992 haben die politischen Gegensätze zwischen NPP und NDC und damit auch zwischen den beiden Linien merklich abgenommen. Ideologisch sind beide in die Mitte gerückt und der Politikstil unterscheidet sich kaum noch. Im gleichen Maß hat sich die Bindung zwischen Bevölkerungsschichten und den Parteien reduziert, so dass die Zahl der Wechselwähler angestiegen ist. Außerdem ist festzustellen, dass die Bindung zwischen Ethnien und Parteien in Ghana weniger bedeutsam ist als in anderen afrikanischen Ländern, beispielsweise Kenia (vgl. NUGENT 2001: 6–7; WHITFIELD 2009: 623–626). Nichtsdestoweniger kommt es häufig zu Grabenkämpfen zwischen den Parteien. Gerade der knappe Wahlausgang bei den letzten Präsidentschafts- und Parlamentswahlen zeigt wie politisch gespalten das Land ist. Die große Bedeutung der Parteien zeigt sich auch daran, dass Posten oft nicht nach Qualifikation sondern Parteizugehörigkeit vergeben werden. Dies spricht für einen hohen politischen Parallelismus entsprechend der Klassifikation von HALLIN/MANCINI.

## 4.4 Rechtliche Rahmenbedingungen

### 4.4.1 Verfassungsrechtliche Vorgaben

Die Verfassung bildet die Grundlage der politischen und rechtlichen Ordnung in Ghana. Sie steht über allen Gesetzen und bindet die Regierung, das Parlament und die Gerichte an das Recht. Die aktuelle Verfassung stammt von 1992 und wurde per Referendum angenommen.

Die Verfassung garantiert die Meinungs- und Medienfreiheit und verbietet gleichzeitig Zensur und Lizenzpflicht. Des Weiteren wird der Regierung untersagt Einfluss auf die Verleger und Chefredakteure der Zeitungen zu nehmen. Auch das Recht auf eine Gegendarstellung bzw. die Pflicht diese abzudrucken hat Verfassungsrang. Diese Rechte finden ihre Schranken in anderen Gesetzen, dem Interesse der nationalen Sicherheit, der öffentlichen Ordnung und Moral sowie dem Schutzbedürfnis anderer Personen (vgl. 1992 CONSTITUTION OF GHANA 1996: Art. 21, 162, 164).

Für die staatlichen Medien hält die Verfassung zusätzliche Vorschriften bereit. Der Hauptauftrag der staatlichen Medien ergibt sich aus zwei Artikeln:

> »All state-owned media shall afford fair opportunities and facilities for the presentation of divergent views and dissenting opinions.« (1992 CONSTITUTION OF GHANA 1996: Art. 163)

> »The State shall provide fair opportunity to all political parties to present their programmes to the public by ensuring equal access to the state-owned media.« (1992 CONSTITUTION OF GHANA 1996: Art. 55 (11)).

Dabei gilt für die Präsidentschaftswahl die zusätzliche Vorgabe, dass alle Kandidaten den Anspruch auf »same amount of time and space« (1992 CONSTITUTION OF GHANA 1996: Art. 55 (12)) in den staatlichen Medien haben. Des Weiteren wird dem Präsident im NMC ACT (1993) das Recht auf Zugang zu den Medien für »announcement[s] […] in the public interest« (§ 19) zugeschrieben.

Somit wird deutlich, dass die staatlichen Medien per Verfassung den Auftrag haben möglichst vielen verschiedenen Meinungen und Standpunkten Gehör zu verschaffen, so dass die Bevölkerung informiert zwischen den politischen Alternativen entscheiden kann. Im wegweisenden Urteil des *Supreme Court* im Fall NPP gegen *Ghana Broadcasting Corporation* (GBC)[24] 1993 machten die Richter deutlich, dass freier Meinungsaustausch notwendig sei um die Arbeit der Regierung zu bewerten und um diese unter Druck setzen zu können (vgl. AMEGATCHER 1998: 11–20).

Außerdem zeigen diese Bestimmungen, dass an staatliche und die private Medien unterschiedliche Ansprüche gestellt werden. Der Auftrag der ausgewogenen Berichterstattung gilt nur für die staatlichen Medien, die privaten Medien hingegen müssen sich lediglich an die allgemeinen Gesetze wie z. B. das Verbot von Verleumdung oder das Urheberrecht[25] halten. Darüber hinaus haben sie keine weiteren rechtlichen Verpflichtungen.

Um den Auftrag der staatlichen Medien zu gewährleisten, schreibt die Verfassung die Einrichtung der NMC vor. Sie besteht aus den folgenden 18 Mitgliedern:

- je ein Vertreter
  - der *Ghana Bar Association*,
  - der Verleger und Eigentümer der privaten Presse,
  - der *Ghana Association of Writers and the Ghana Library Association*,
  - der *Christian Group: National Catholic Secretariat, Christian Council, Ghana Pentecostal Council*,

**24** Der regierende NDC stellte 1993 in einer von der GBC übertragenen Sendung den Staatshaushalt vor. Die oppositionelle NPP organisierte eine ähnliche Veranstaltung, auf der sie ihren Gegenentwurf präsentierte. Die GBC berichtete über dieses Ereignis nicht. Die Richter entschieden einstimmig, dass dieses Verhalten verfassungswidrig war (vgl. AMEGATCHER 1998: 19–20).

**25** Das ghanaische Medienrecht wurde 2001 durch die Streichung verschiedener Straftatbestände wie Beleidigung des Präsidenten liberalisiert (vgl. GNA 2001; HASTY 2005: 165–168).

  - der *Federation of Muslim Councils* und *Ahmadiyya Mission*,
  - der Ausbilungseinrichtungen für Journalisten,
  - der *Ghana Advertising Associates* und *Institute of Public Relations of Ghana*,
  - der *Ghana National Association of Teachers*,
  - des *National Council on Women and Development*,
  - des *Trade Unions Congress*,
  - der *Association of Private Broadcasters;*
- zwei Vertreter der *Ghana Journalist Association* (GJA),
- zwei vom Präsidenten ernannte Personen,
- drei vom Parlament nominierte Personen (vgl. 1992 CONSTITUTION OF GHANA 1996: Art. 166 (1)).

Die verschiedenen Mitglieder können grob in drei Gruppen eingeteilt werden: fünf politische, sieben Medienvertreter und sechs zivilgesellschaftliche Repräsentanten. Folglich kommt es hier zu einer Mischung der vier von HALLIN/MANCINI entworfenen Regulierungsmodelle – Regierungs-, Experten-, Proporz- und kooperatistisches Modell –, wobei keine der drei Gruppen für sich eine Mehrheit hat.

Die NMC hat laut Verfassung vier Aufgaben. Erstens soll sie die Freiheit und Unabhängigkeit der staatlichen Medien gewährleisten, zweitens soll sie die höchsten journalistischen Standards in den Medien durchsetzen und als Beschwerde- und Schlichtungsinstanz für alle Medien fungieren, drittens soll sie die staatlichen Medien vor Regierungseinflüssen schützen und viertens soll sie Vorschriften erlassen, die die Registrierung von Presseerzeugnissen ermöglichen. Die Registrierung ist ein rein formeller Akt um bei Beschwerden einen Ansprechpartner kontaktieren zu können. Außerdem bestimmt die NMC auch den Verwaltungsrat der staatlichen Medienunternehmen und den Chefredakteur des jeweiligen Mediums (vgl. 1992 CONSTITUTION OF GHANA 1996: Art. 167–169; AMEGATCHER 1998: 13–15).

### 4.4.2 Journalistische Selbstverpflichtungen und Richtlinien

Neben diesen rechtlichen Bestimmungen des Staates haben sowohl die Journalisten als auch die NMC gesetzlich nicht bindende Richtlinien erlassen. Die Journalisten Ghanas sind in der *Ghana Journalist Association* (GJA) organisiert und haben 1994 den *Code of Ethics* als freiwillige Selbstverpflichtung verabschiedet. Dieser Kodex gilt für alle Journalisten staatlicher und privater Medien sowie für freiberuflich arbeitende Journalisten. Er soll zu hohen ethischen Standards, beruflicher Kompetenz und gutem Verhalten beitragen sowie die Rolle der Medien als Vierte Gewalt stärken. Das Dokument besteht aus 17 Artikeln, die im Wesentlichen drei Funktionen abdecken sollen. Dazu gehört als erstes die Qualitätsfunktion, mit der sich die meisten Regelungen befassen. Darin verpflichten sich die Journalisten zu wahrheitsgemäßer und ausgewogener Berichterstattung, Trennung von Meinungen und Fakten sowie zum Berichtigungsgebot und dem Recht auf Gegendarstellung. Außerdem lehnen sie Korruption, Plagiate, Nachrichtensperren und zusammenhangslose reißerische Überschriften ab (vgl. GJA 1994: Art. 1, 3, 4, 8–11, 17). Neben der Qualitätsfunktion betont der Kodex zweitens den Schutz von Quellen und Informanten sowie von in den Medien dargestellten Personen, weswegen die Einhaltung von Sperrfristen gefordert wird. Informationen sollen dabei möglichst legal erworben werden. Ferner verpflichten sich die Journalisten auf die Identifikation von Opfern sexueller Gewalt zu verzichten, Minderjährige besonders zu schützen und Rücksicht auf Menschen in Trauer und Not zu nehmen. Daneben sollen die Medien niemanden diskriminieren und die Menschenwürde und Privatsphäre achten (vgl. GJA 1994: Art. 5–7, 12–16). Als letztes sei die Sozialfunktion erwähnt. Hierbei wird die soziale Verantwortung der Journalisten betont (vgl. GJA 1994: Art. 2).

Ebenso wie die GJA für alle Journalisten hat die *Graphic Communications Group Ltd.* als Herausgeberin des *Daily Graphic* für die dort angestellten Journalisten Selbstverpflichtungen erlassen. Darin gibt das Unternehmen den Journalisten detaillierte Richtlinien vor, wie beispielsweise über die *Chiefs*, Wahlkampf oder Gerichtsprozesse zu berichten ist und was bei einem Kommentar zu beachten ist. Das Dokument ist hierbei detaillierter als der Ethikkodex, da er auf den Anspruch des Unternehmen ausgerichtet ist (vgl. GRAPHIC COMMUNICATIONS GROUP o. J.). Der *Daily Guide* hatte während des Aufenthalts des Verfassers keine journalistischen Richtlinien erarbeitet. Dies war jedoch in Planung.

Auch die NMC hat in Zusammenarbeit mit der Friedrich-Ebert-Stiftung verschiedene gesetzlich unverbindlich Richtlinien beispielsweise über Politikberichterstattung oder ethische Rundfunkstandards erlassen (s. NMC 2000; NMC o. J.).

Besondere Bedeutung kommt diesen rechtlich nicht bindenden Richtlinien bei Beschwerden gegen die Berichterstattung zu. Zwar kann die GJA bestimmte Medien wegen Verstößen verurteilen[26], allerdings fehlt im *Code of Ethics* die Vorgabe, dass diese auch abgedruckt werden müssen. Die GJA ist in erster Linie ein Berufsverband, für Beschwerden und deren Schlichtung ist die NMC verant-

**26** Zur letzten Verurteilung dieser Art kam es im September 2009, nachdem der *Daily Guide* Ausschnitte aus kinderpornographischem Material auf der Titelseite abgedruckt hatte (vgl. GNA 2009).

wortlich. Diese kann als zentrale Maßnahme verhängen, dass das Medium den Bericht berichtigt und sich dafür entschuldigt oder dass eine Gegendarstellung abgedruckt werden muss. Außerdem kann sie die GJA zu weiteren disziplinarischen Maßnahmen auffordern. Diese sind jedoch nicht weiter spezifiziert (vgl. NMC Act 1993: § 15–16). Neben einer Beschwerde bei der NMC steht einer betroffenen Person zusätzlich der Rechtsweg offen.

### 4.4.3 Medienfreiheit in Ghana

Bisher wurden lediglich rechtliche Vorschriften oder freiwillige Selbstverpflichtungen vorgestellt. Jedoch kann mit Hilfe dieser Bestimmungen die tatsächliche Medienfreiheit in Ghana nicht beurteilt werden. Auch autoritäre und totalitäre Staaten wie Iran oder Nordkorea garantieren die Medienfreiheit per Verfassung.

*Reporter ohne Grenzen* untersucht jährlich den Stand der Pressefreiheit auf der ganzen Welt. In ihrem letzten Bericht von 2009 war Ghana nach Namibia das Land mit dem höchsten Grad an Medienfreiheit in Afrika. Demnach ist Ghana weltweit gesehen auf Platz 26 von 178 Ländern und rangiert vor Frankreich, Italien und Spanien. Der Bericht bezeichnet die ghanaische Presselandschaft als frei von Staatseinfluss und offen. Auch ausländische Medien können demnach frei agieren. Allerdings kam es während politischer Demonstrationen zu einigen Übergriffen auf Journalisten durch Parteianhänger und die Polizei (vgl. Reporters Without Borders 2011a; Reporters Without Borders 2011b). Auch das *Freedom House* stuft Ghana in Bezug auf die Medienfreiheit als frei ein. Allerdings wird kritisiert, dass die Erteilung von Rundfunklizenzen ungewöhnlich lange dauert (vgl. Freedom House 2011b).

Am 1. Oktober 2009 interviewte der Verfasser den Forschungskoordinator der NMC, Theophilus Tetteh, und den vom Deutschen Entwicklungsdienst beauftragten Berater der NMC, Michael Hasenpusch. Auf die Frage nach dem Einfluss der Politik auf die staatlichen Zeitungen antwortete Tetteh, dass durch die Zusammensetzung der NMC zwar der politische Einfluss reduziert werden soll, allerdings versuchen die beiden Parteien über die in der NMC vertretenen Organisationen Einfluss zu nehmen. Demnach lassen sich die hochrangigen Mitglieder der verschiedenen Organisationen dem NDC oder der NPP zuordnen. Wenn eine Partei innerhalb der Organisation eine Mehrheit aufweist, so kann man den gewählten Vertreter einer der beiden Parteien zuordnen. Somit sei die NMC nur eine Art weitere Arena der Parteien. Jedoch fügte Tetteh hinzu, dass der Einfluss der Politik insgesamt mit der Zeit spürbar nachlässt, aber dennoch weiterhin vorhanden sei.

## 4.5 Zusammenfassung

Nachdem die Rahmenbedingungen des Mediensystems in Hinblick auf Gesellschaft und Wirtschaft, Geschichte, Politik sowie Recht untersucht worden sind, kann das ghanaische Mediensystem nun in die Mediensystemklassifikation von HALLIN/MANCINI, wie sie in Abschnitt 2.1.3 vorgestellt wurde, eingeordnet werden. Demnach passt das ghanaische Mediensystem am ehesten zum polarisiert-pluralistischen Modell. Dies würde für eine Medienlandschaft sprechen, die in erster Linie politischen Interessen dient und elite-orientiert ist. Der bisherige Forschungsstand unterstützt diese Kategorisierung, wodurch Hypothese 2.5 als bestätigt angesehen werden kann.

Diese Einordnung ist zum einen im hohen politischen Parallelismus begründet, da Politik und Gesellschaft stark von den beiden Parteien NDC und NPP geprägt sind. Ein weiterer Grund ist, dass der Staat durch Bereitstellung der staatlichen Presse aktiv in das Mediensystem eingreift. Ferner entsenden der Präsident und das Parlament insgesamt fünf Vertreter in die NMC und haben somit Einfluss auf die Nominierung der Chefredakteure. Jedoch sind sie gegenüber den anderen Gruppen immer in der Minderheit.

Diese erste Analyse erfolgt aufgrund der Rahmenbedingungen des Mediensystems. Sie wird jedoch in Kapitel 6, das die Medienstruktur und -organisation behandelt, einer weiteren Prüfung unterzogen.

# 5 Medieninhalte

Die Inhalte der vier wichtigsten Tageszeitungen Ghanas und damit der Funktionskontext des Mediensystems werden in diesem Kapitel analysiert. Dazu wurden Primärdaten mittels einer Inhaltsanalyse des *Daily Graphic*, der *Ghanaian Times*, des *Chronicle* und *Daily Guide* erhoben.

Zunächst wird die Untersuchungsmethode vorgestellt. Dazu zählt zum einen die Stichprobe, der Aufbau des Codebuchs und die Reliabilitätsanalyse des Messinstruments. Im weiteren Verlauf werden die redaktionellen Inhalte der Zeitungen analysiert. Dabei wird besonderen Wert auf die Themenverteilung, die Nachrichtenfaktoren und die Berichterstattung über die politischen Akteure – Regierung und Parteien – gelegt. Schließlich folgt die Untersuchung der in den Zeitungen geschalteten Anzeigen von staatlichen Institutionen sowie deren Verteilung.

Diese Analyse beantwortet Forschungsfrage 1 und damit die Hypothesen 1.1 und 1.2. Diese behandeln die Unterschiede im Journalismusverständnis der staatlichen und privaten Zeitungen sowie deren Parteienpräferenz. Außerdem wird Hypothese 2.4 geprüft, die davon ausgeht, dass der Staat zu Gunsten der staatlichen Zeitungen auf dem Anzeigenmarkt eingreift.

## 5.1 Untersuchungsmethode

### 5.1.1 Stichprobe

Der Untersuchungszeitraum der Inhaltsanalyse erstreckt sich vom 1. Juni bis 31. August 2009. Aus diesem Zeitraum wurden je fünf Ausgaben der vier wichtigsten Tageszeitungen[27] – die beiden staatlichen Zeitungen *Graphic* und *Times* sowie die privaten *Chronicle* und *Daily Guide* – ausgewählt, so dass insgesamt 20 Ausgaben in die Analyse miteinbezogen wurden. Die Stichprobenziehung erfolgte durch eine systematische und eine zufällige Auswahl. Die systematische Auswahl bestand darin eine künstliche Woche zu bilden, so dass von Montag bis Freitag je eine der fünf Ausgaben erschienen ist. Welcher der beispielsweise fünf Montage im Juni berücksichtigt wird, wurde wiederum zufällig entschieden. Von den so ausgewählten fünf Ausgaben pro Zeitung, die in Abbildung A.4 im Anhang aufgeführt sind, wurde eine Vollerhebung der redaktionellen Inhalte und der staat-

27 Die Bedeutung dieser Zeitungen im Pressemarkt wird in Kapitel 6 vorgestellt.

lichen Annoncen durchgeführt. Insgesamt wurden somit 1081 Artikel und 139 staatliche Anzeigen codiert.

### 5.1.2 Aufbau des Codebuchs und Codierung

Das Codebuch für die redaktionellen Inhalte besteht im Wesentlichen aus fünf Teilen. Es beginnt mit einer Einführung in den theoretischen Hintergrund, der Art der Stichprobe, den Definitionen und der Vorgehensweise. Darauf folgen formale Kategorien wie das Datum, die Seitenzahl und die journalistische Darstellungsform sowie die allgemeinen Inhalte des Artikels. Dazu zählen die Themen, der Ereignisort und der Akteur. Nun werden Codieranweisungen für die Nachrichtenfaktoren wie Konflikt, Relevanz oder Tendenz vorgestellt. Schließlich wird die Darstellung der politischen Akteure codiert. Dabei handelt es sich um die Regierung und die beiden wichtigsten Parteien NDC und NPP.

Die verschiedenen Ausprägungen der einzelnen Kategorien wurden hauptsächlich theoriegeleitet ermittelt. Bei den formalen Kategorien, allgemeinen Inhalten und der Darstellung der politischen Akteure wurde sich vor allem an Rössler (2005) orientiert. Bei den Nachrichtenfaktoren wurden von Galtung/Ruge (1965), Schulz (1990) und Wilke (1984) Anleihen genommen. Diese theoretischen Überlegungen wurden an die Inhalte ghanaischer Zeitungen angepasst und durch Sichtung des Untersuchungsmaterials praxisgeleitet überprüft und ergänzt.

Das gesamte Untersuchungsmaterial wurde in Ghana fotografiert und liegt somit in digitaler Form vor. Auch die Auswertung erfolgte am Computer. Dazu rief der Codierer die entsprechende Bilddatei der jeweiligen Zeitungsseite auf und codierte sie mit Hilfe eines Online-Codebogens. Diese Form des Codebogens wurde aus praktischen Gründen gewählt. Zum einen liegen die Daten direkt im passenden Format vor, so dass sie mit einem entsprechenden Statistikprogramm analysiert werden können. Sie müssen somit nicht vom Codebogen übertragen werden, was eine zusätzliche Fehlerquelle darstellt. Der Codebogen wurde ins Internet gestellt, damit zwei Codierer zeitgleich darauf zugreifen können und damit er betriebssystemübergreifend benutzt werden kann. Des Weiteren sparte diese Variante der Codierung enorm viel Papier und somit Kosten, da ansonsten mehr als 1000 Codebögen gedruckt hätten werden müssen. Ein Nachteil ist, dass, wenn bei der Codierung ein Fehler unterläuft, dieser nur mit großem Aufwand in den fertigen Datensätzen zu ändern ist.

Das Hauptproblem bei dieser digitalen Variante bestand in der Vermessung der Artikelgröße. Wenn die Zeitungen in Papierform vorliegen, ist dies per Lineal möglich, wenn sie als Text gespeichert sind, ist es möglich die Wörter durch die EDV zählen zu lassen. Diese beiden Möglichkeiten waren hier nicht gegeben. Die gesamte Seite und die einzelnen Artikel wurden aus diesem Grund mit einem Bildbearbeitungsprogramm in Pixel ausgemessen. Dadurch konnte nun das Verhältnis berechnet werden, das wiederum auf die Papierform und damit in Quadratzentimeter übertragbar ist. Der Unterschied zwischen der digitalen Messung und der realen Größe liegt bei plus/minus fünf Prozent. Da diese Schwankungen aber zufällig sind, ist davon auszugehen, dass sie das Ergebnis nicht verzerren, sondern sich im Mittel ausgleichen.

Ein weiteres Problem bestand darin, dass insgesamt sieben Prozent der Artikel am Computerbildschirm nicht lesbar waren. Dies lag in den überwiegenden Fällen daran, dass das Bild beim Fotografieren verwackelte oder in einigen wenigen Fällen die Druckqualität mangelhaft ist. Bei den betroffenen Artikeln wurden lediglich die formalen Kategorien bis auf »Journalistische Darstellungsform« und »Quelle des Artikels« codiert, während bei identifizierbaren Artikeln alle übrigen Kategorien bis auf »Darstellung politischer Akteure« codiert wurden. Diese Kategorien kamen nur in Frage, wenn in dem Artikel über die Regierung, die NDC oder NPP bzw. ihre Mitglieder berichtet wurde. Bei den staatlichen Anzeigen wurden lediglich die Zeitung, die Seite, das Datum, die Beschreibung sowie die Größe der Seite und der Annonce codiert.

### 5.1.3 Reliabilität

Der Anspruch jeder wissenschaftlichen Forschung ist die Intersubjektivität ihrer Ergebnisse. Somit ist es notwendig das Codebuch darauf zu überprüfen, ob andere Personen mit demselben Messinstrument zum gleichen Ergebnis gelangen. Da zwei Personen das Material codierten, wurde ein Pretest zur Überprüfung der Intercoder-Reliabilität durchgeführt. Dazu wurden insgesamt 99 Artikel von jedem Codierer codiert. Die durchschnittliche Übereinstimmung entsprechend dem Reliabilitätskoeffizienten nach Holsti liegt bei 85 Prozent. Eine detaillierte Auswertung der Reliabilität nach Kategorien findet sich in Abbildung A.3 im Anhang. Auch wenn einige Kategorien wie »Relevanz« oder »Tendenz« eine relativ geringe Reliabilität von 65 bzw. 69 Prozent aufweisen, so kann der Pretest für alle Kategorien als erfolgreich und das Codebuch insgesamt als reliabel gewertet werden.

## 5.2 Allgemeine Inhalte der Berichterstattung

In diesem Unterkapitel werden zuerst die formalen Kategorien der Inhaltsanalyse analysiert. Dabei handelt es sich um die Verteilung der codierten Artikel zwischen den Codierern, aber auch die gewählte journalistische Darstellungsform oder die Quellen der Artikel. Im weiteren Verlauf werden die allgemeinen Inhalte untersucht. Dazu zählen Thema, Ereignisorte und Akteure.

### 5.2.1 Formale Kategorien

Insgesamt wurden 1081 Artikel codiert. Abbildung 5.1 zeigt die Verteilung auf die Zeitungen.

| | Artikel | Anteil (%) |
|---|---|---|
| *Daily Graphic* | 371 | 34 |
| *Ghanaian Times* | 345 | 20 |
| *Chronicle* | 149 | 14 |
| *Daily Guide* | 216 | 32 |
| staatlich | 716 | 66 |
| privat | 365 | 34 |
| gesamt | 1081 | 100 |

Abbildung 5.1: Verteilung der codierten Artikel auf die Zeitungen

Zwei Drittel aller Artikel stammen aus den beiden staatlichen Zeitungen. Insgesamt sind sieben Prozent aufgrund schlechter Foto- oder Druckqualität nicht lesbar, so dass nur bei den übrigen 1008 Artikeln die inhaltlichen Kategorien codiert wurden. Die nicht identifizierbaren Artikel wurden lediglich vermessen. Der Verfasser hat von allen codierten Artikeln insgesamt 81 und eine Assistentin 19 Prozent codiert.

Außerdem zeigt sich, dass es nur geringe Unterschiede zwischen den einzelnen Zeitungen im Hinblick auf die journalistische Darstellungsform gibt. Bei allen Zeitungen besteht der redaktionelle Inhalt zu mehr als 80 Prozent aus Berichten und Meldungen. Die *Times* weist dabei mit 90 Prozent den größten Anteil auf. Andere Darstellungsformen wie Reportagen oder Hintergrundberichte werden nur in insgesamt je einem Prozent der Artikel verwendet. Auffällig ist jedoch, dass die privaten Zeitungen ein leichtes Übergewicht bei den Kommentaren haben, wobei der *Chronicle* besonders hervorsticht. Andererseits zeigt sich die deutliche Dominanz im *Graphic* bei den Leserbriefen. Im untersuchten Material wurden dreimal so viele Leserbriefe im *Graphic* veröffentlicht wie in den drei anderen Zeitungen zusammen. Dementsprechend machen Leserbriefe sechs Prozent des gesamten Inhalts des *Graphic* aus. Auch eine Gewichtung der einzelnen Fälle mit der Größe der Artikel und ihrer Platzierung ändert nichts an diesen Ergebnissen. Im weiteren Verlauf werden die nach Größe und Platzierung gewichteten Fälle nur in die Analyse miteinbezogen, wenn sich dadurch die Ergebnisse im Vergleich zur Analyse mit ungewichteten Fällen wesentlich verändern.

Sowohl staatliche als auch private Zeitungen benutzen im Wesentlichen gleich viele Artikel aus fremden Quellen wie der GNA oder der BBC. Die klare Mehrheit von mehr als zwei Dritteln der Artikel stammt aber aus der Redaktion selbst und besteht somit aus Eigenbeiträgen. Dabei ist festzustellen, dass Artikel, die über ausländische Ereignisse berichten, zu zwei Dritteln Fremdbeiträge sind, bei inländischen Ereignissen sind dies lediglich 13 Prozent. Hierbei handelt es sich um einen mittleren bis starken Zusammenhang, der statistisch signifikant ist[28].

### 5.2.2 Allgemeine Inhalte

#### Behandelte Themen

Zunächst werden die in den staatlichen und privaten Zeitungen behandelten Themen analysiert. Abbildung 5.2 zeigt die behandelten Themen nach der Artikelgröße gewichtet.

Die Ergebnisse zeigen, dass die Zeitungen bei der Themenauswahl klare Schwerpunkte setzen. Zunächst wird deutlich, dass die staatlichen Zeitungen stärker auf das Thema der nationalen Entwicklung setzen. Der Unterschied zu den privaten Zeitungen beträgt dabei 21 Prozentpunkte. Zu den Entwicklungsthemen werden Artikel gezählt, welche die wirtschaftliche Lage und Entwicklung, die soziale und technische Infrastruktur sowie die offizielle und private Entwicklungszusammenarbeit beschreiben. Bei politischen Themen haben die privaten Zeitung einen Schwerpunkt, genauso wie bei Unterhaltung oder *Human-Interest*-Themen. Somit wird deutlich, dass sich die Inhalte beider Zeitungsarten voneinander unterscheiden. Dabei konzentrieren sich die staatlichen Zeitungen entsprechend der Theorie des Entwicklungsjournalismus verstärkt auf Entwicklungsthemen[29], während die privaten Zeitungen entsprechend dem westlichen Journalismusverständnis eher auf Politik und Unterhaltung setzen.

Während die beiden staatlichen Zeitungen ein recht homogenes Themenspektrum aufweisen, unterscheiden sich die Profile des *Chronicle* und *Daily Guide* voneinander. Der *Chronicle* fokussiert sehr stark auf die politische Berichterstattung, so dass mehr als die Hälfte aller Artikel ein politisches Thema behandeln.

---

**28** Cramérs V: 0,55, Signifikanzniveau: 0,99.

**29** In allen Zeitung ist Bildung das häufigste Entwicklungsthema.

| | staatlich (%) | privat (%) | gesamt (%) |
|---|---|---|---|
| Entwicklung | 53 | 32 | 45 |
| Politik | 40 | 49 | 43 |
| Wirtschaft/Unternehmen | 7 | 4 | 6 |
| Kriminalität | 11 | 20 | 14 |
| Unglücke/Katastrophen | 3 | 2 | 3 |
| Kunst/Kultur | 4 | 9 | 6 |
| Sport | 10 | 8 | 9 |
| Gesellschaft | 9 | 9 | 9 |
| Sonstiges | 3 | 3 | 3 |
| Unterhaltung/*Human Interest*[a] | 27 | 41 | 32 |

N = 1008. Mehrfachnennungen waren möglich, weswegen die Gesamtsumme 138 Prozent beträgt.

**a** Hier werden Kunst/Kultur, Sport, Kriminalität, Unglücke und die Ausprägungen »*Human Interest*« sowie »Gesellschaftliches Leben« zusammengefasst.

Abbildung 5.2: Behandelte Themen gewichtet entsprechend der Artikelgröße

Dagegen setzt der *Daily Guide* eindeutig auf Unterhaltung und *Human Interest*. Die Hälfte aller Artikel behandelt diese Themen.

### Akteure

Bei den Akteuren handelt es sich um Personen, die innerhalb eines Artikels erwähnt werden oder selbst zu Wort kommen. Aufgrund der thematischen Schwerpunkte in den Zeitungen kommen dementsprechend Personen aus diesen Bereichen verstärkt vor. So treten in den privaten Zeitungen mehr Politiker sowie Künstler, Sportler und Prominenz auf. Andererseits kommen in den staatlichen Zeitungen verstärkt Personen aus der Wirtschaft und dem Sozialwesen, wie Bildungs- und Gesundheitseinrichtungen und Behörden vor, die häufig direkt an Entwicklungsprojekten und -programmen beteiligt sind.

Ein weiterer Unterschied besteht darin, dass die privaten Zeitungen der NPP mehr Platz einräumen als die staatlichen Zeitungen. In beiden dominiert aber der NDC, da er die Regierung stellt. Doch zeigt sich, dass die privaten Zeitungen die Opposition eher zu Wort kommen lassen als die staatlichen Zeitungen. Dies bestätigt auch die Aussage des Chefredakteurs Fortune G. Alimi vom *Daily Guide*, demzufolge seine Zeitung die andere Seite zeigen will. Allerdings kann man die privaten Zeitungen nicht als Hausblätter der NPP bezeichnen, da auch in ihnen der NDC häufiger als die NPP zu Wort kommt.

### Ereignisort der Handlung

Ein weiterer Indikator für den Entwicklungsjournalismus ist die Berichterstattung über ländliche Gebiete. Abbildung 5.3 zeigt, in welchen Orten die in den Artikel beschriebenen Ereignisse stattgefunden haben. Dabei wurden alle Hauptstädte der zehn Regionen und andere Städte mit mehr als 100 000 Einwohnern als städtische, andere Orte als ländliche Gebiete codiert.

| | staatlich (%) | privat (%) | gesamt (%) |
|---|---|---|---|
| Stadt | 46 | 48 | 47 |
| Land | 16 | 17 | 16 |
| Ausland | 17 | 17 | 17 |
| mehrere Orte/ nicht feststellbar | 22 | 23 | 23 |

N = 1008. Mehrfachnennungen waren möglich, weswegen die Gesamtsumme 103 Prozent beträgt.

Abbildung 5.3: Ereignisorte gewichtet entsprechend der Artikelgröße

Die Abbildung macht deutlich, dass die Mehrheit der Artikel Ereignisse in städtischen Gebieten behandelt. Ländliche Regionen treten in beiden Zeitungsarten gleich häufig auf, weshalb dieses Ergebnis keine Rückschlüsse auf das Journalismusverständnis zulässt. Knapp ein Drittel aller Artikel berichten über Ereignisse aus Accra. Somit findet die Hälfte aller Ereignisse der Inlandsberichterstattung in der Hauptstadt statt. Abbildung 5.4 zeigt die Verteilung der Berichterstattung in allen untersuchten Zeitungen nach Regionen.

Dabei zeigt sich zum einen die deutliche Dominanz der Greater Accra Region, zum anderen ist ein Nord-Süd-Gefälle erkennbar. Besonders die beiden nördlichsten Regionen Upper East und Upper West spielen so gut wie keine Rolle. Dagegen konzentriert sich die Berichterstattung nicht nur auf die Greater Accra Region, auch die Ashanti Region ist von vergleichsweise größerer Bedeutung. Zwischen den staatlichen und privaten Zeitungen gibt es hier kaum Unterschiede. Der einzige nennenswerte ist, dass die Ashanti Region in der Berichterstattung der privaten Zeitungen eine größere Rolle spielt als bei den staatlichen.

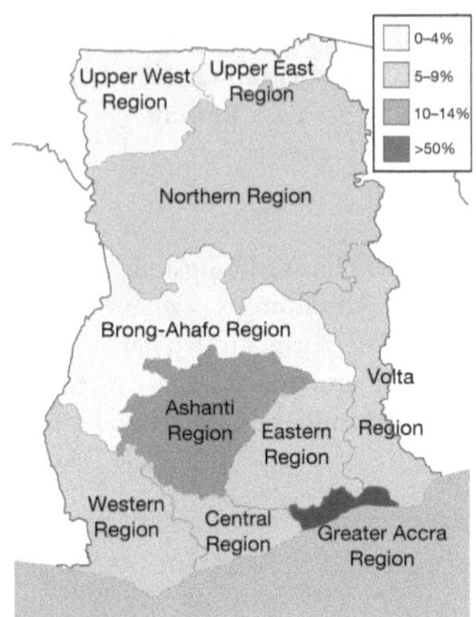


Kartenmaterial: NordNordWest 2008.
Lizenz: Creative Commons Attribution-Share Alike 3.0 Unported.

Abbildung 5.4: Geographische Verteilung der Inlandsberichterstattung

Die Auslandsberichterstattung unterscheidet sich in den untersuchten Zeitungen kaum voneinander. Sie macht insgesamt ein Viertel der Berichterstattung[30] aus und stammt größtenteils von der Internetseite der BBC oder anderen ausländischen Nachrichtenseiten, da die Zeitungen über so gut wie keine Auslandskorrespondenten[31] verfügen. Somit wird ersichtlich, dass der Informationsfluss bei internationalen Nachrichten weiterhin einseitig von den entwickelten zu den Entwicklungsländern verläuft. Diese Probleme wurden bereits von der so genannten MacBride-Kommission im Auftrag der UNESCO Anfang der 1980er Jahre thematisiert (vgl. International Commission for the Study of Communication Problems 1981: 137–155).

Abbildung 5.5 zeigt die weltweite geographische Verteilung der Auslandsberichterstattung in den untersuchten Zeitungen. Dabei wird eine breite Streuung der Auslandsberichterstattung deutlich, wobei ein gewisser Fokus auf Afrika und

**30** Die Unterschiede zu Abbildung 5.3 rühren daher, dass die Ausprägung »mehrere Orte« aufgeteilt wurde, bei der Codierung der Nation Mehrfachnennungen möglich waren und keine Gewichtung der Artikel erfolgte.

**31** Der *Graphic* hat einen Korrespondenten in Togo und Journalisten begleiten den Präsidenten bei Auslandsreisen.

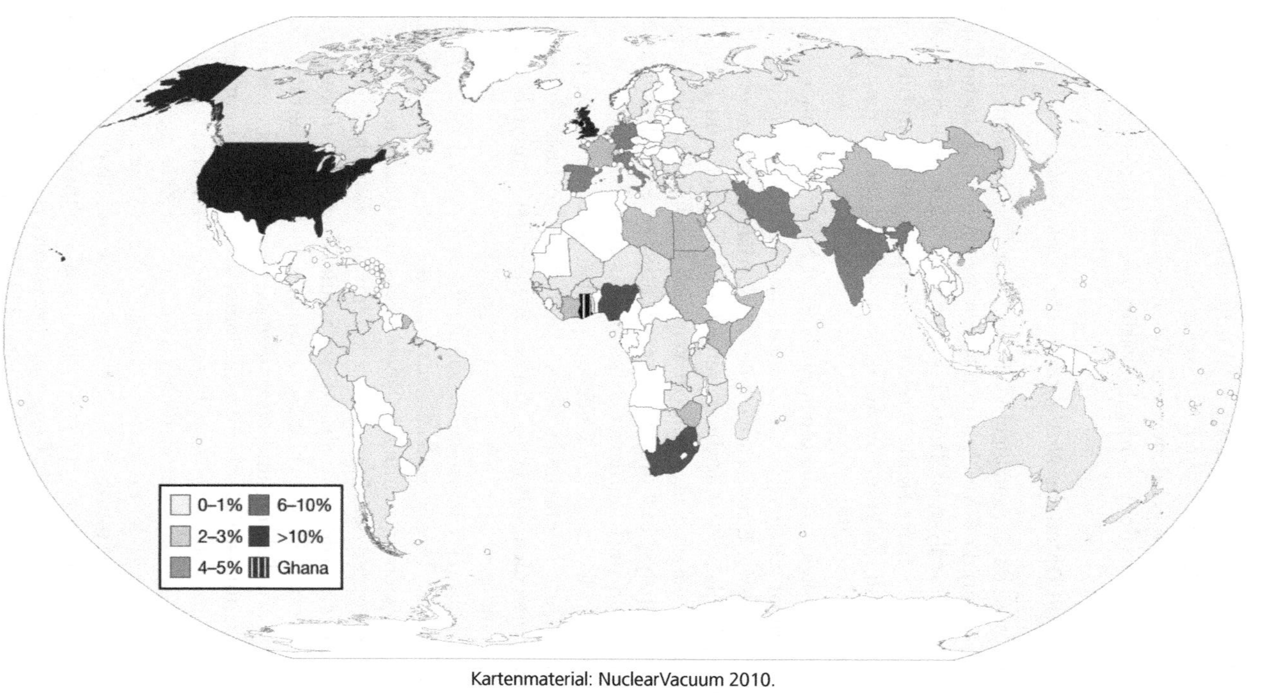


Kartenmaterial: NuclearVacuum 2010.

Abbildung 5.5: Geographische Verteilung der Auslandsberichterstattung

die westliche Welt zu erkennen ist. Auch der mittlere und ferne Osten, insbesondere Iran, Indien und China, werden häufiger erwähnt. Alle anderen Kontinente und Gebiete sind von geringer Bedeutung. Die möglichen Gründe und Zusammenhänge für diese Verteilung werden im nächsten Unterkapitel behandelt.

### 5.2.3 Vergleich mit Daten der *National Media Commission*

Im Rahmen ihres verfassungsmäßigen Auftrags – der Durchsetzung journalistischer Standards – führt die NMC Inhaltsanalysen von Presse und Hörfunk durch. Die Daten der Inhaltsanalyse von Januar bis März 2009 werden mit den Ergebnissen der Inhaltsanalyse dieser Studie verglichen. Dadurch soll überprüft werden, ob die Resultate zufällig aufgrund der Stichprobe zu Stande gekommen sind oder ob sie verallgemeinerbar sind.

Dabei ist anzumerken, dass die Inhaltsanalyse der NMC einen anderen Fokus hat, da sie sich primär mit den journalistischen Standards beschäftigt. Aus diesem Grund wird beispielsweise codiert, wie über Minderjährige berichtet wird oder ob die Wortwahl vulgär ist. Allerdings werden auch Themen und Ereignisorte codiert, so dass bei diesen Kategorien ein Vergleich möglich ist. Allerdings entspricht die Inhaltsanalyse bestimmten wissenschaftlichen Anforderungen nicht. So existiert kein Codebuch mit genauer Beschreibung der Kategorien und Ausprägungen, sondern lediglich der Codebogen. Des Weiteren wurde die Reliabilität nicht überprüft. Dadurch, dass kein detailliertes Codebuch vorliegt, kann lediglich vermutet werden, was sich genau hinter einer bestimmten thematischen Ausprägung verbirgt.

Insgesamt wurden im Untersuchungszeitraum 3200 Artikel an 17 verschiedenen Tagen codiert. Davon entfallen 2019 auf die vier in der Inhaltsanalyse dieser Studie untersuchten Zeitungen. Sowohl bei den behandelten Themen als auch bei den Orten der Berichterstattung kommt die NMC-Inhaltsanalyse zu ähnlichen Ergebnissen wie die Analyse dieser Studie. Zum einen fokussieren die staatlichen Zeitungen auf Entwicklungsthemen und die privaten auf Politik. Der Unterschied bei Unterhaltung und *Human Interest* ist nicht so bedeutsam, was vermutlich in den unterschiedlichen Definitionen der Ausprägungen begründet liegt. Bei den Ereignisorten zeigen die Resultate ebenfalls in eine ähnliche Richtung. So unterscheiden sich die staatlichen und privaten Zeitungen kaum voneinander. Die Dominanz der urbanen Gebiete ist bei den Daten der NMC noch deutlicher als in dieser Studie, in der alle Ereignisse außerhalb der regionalen Hauptstädte und Städten mit weniger als 100 000 Einwohnern als ländlich definiert wurden und somit Urbanität enger gefasst wurde. Bei den Regionen zeigt sich in den Daten der NMC ebenfalls ein deutliches Nord-Süd-Gefälle und die

Dominanz der Greater Accra Region. Auch, dass die privaten vergleichsweise häufig über die Ashanti Region berichten, wird deutlich. Die Auslandsberichterstattung ist ebenfalls weit gestreut und hat ihre Schwerpunkte auf den USA, Großbritannien, Nigeria, der Elfenbeinküste und Südafrika, so dass kaum Unterschiede in der Auslandsberichterstattung zwischen den beiden Analyse zu erkennen sind. Folglich kann festgestellt werden, dass die Ergebnisse der NMC-Inhaltsanalyse weitestgehend mit denen in dieser Studie übereinstimmen. Dies kann als Beleg für die Validität dieser Inhaltsanalyse gewertet werden.

## 5.3 Nachrichtenfaktoren

Dieses Unterkapitel untersucht, welche Nachrichtenfaktoren[32] in den beiden Zeitungstypen bedeutsam sind und ob sich dabei die relevanten Nachrichtenfaktoren voneinander unterscheiden.

Zuerst werden die Nachrichtenfaktoren untersucht, die einen Bezug zur Auslandsberichterstattung haben, da diese im vorherigen Abschnitt behandelt wurde. Dazu zählen die Faktoren Elite-Nation, räumliche und kulturelle Nähe. Abbildung 5.6 stellt die Ergebnisse einer linearen Regressionsanalyse dieser drei Faktoren vor. Der Faktor Elite-Nation wurde dabei durch das BIP nach Kaufkraftparität des jeweiligen Landes dargestellt und die räumliche Nähe durch die direkte Distanz zwischen Accra und der jeweiligen ausländischen Hauptstadt operationalisiert. Die kulturelle Nähe wurde als dichotome Variable in Abhängigkeit davon konstruiert, ob der jeweilige Staat zum Britischen Weltreich gehörte.

| | Elite-Nat.[a] | Räumliche N.[b] | Kulturelle N. | $R^2$ | N |
|---|---|---|---|---|---|
| staatlich | 0,74** | 0,27** | 0,33** | 0,55 | 169 |
| privat | 0,85** | 0,33** | 0,30** | 0,71 | 91 |
| gesamt | 0,81** | 0,31** | 0,33** | 0,66 | 260 |

*: Signifikanzniveau: 0,95; **: 0,99.

**a** Quelle: IMF 2010.

**b** Distanz berechnet mit dem Programm *Mapping and Distance Tools* (http://www.acscdg.com).

Abbildung 5.6: Nachrichtenwerte in der Auslandsberichterstattung

32 Nachrichtenfaktoren sind Determinanten, die »ein Ereignis nachrichtenwürdig machen« (Schulz 2009: 389).

Deutlich wird, dass alle drei Nachrichtenfaktoren für die Auslandsberichterstattung relevant sind. Dabei ist der Faktor Elite-Nation der wichtigste. Dieses Ergebnis steht im Widerspruch zu einer Vermutung von GALTUNG/RUGE (1965), derzufolge in Entwicklungsländern die Elite-Nationen kein Nachrichtenfaktor seien (vgl. 70). Der Unterschied zwischen staatlichen und privaten Zeitungen ist hierbei gering.

Somit kann auch erklärt werden, warum die Vereinigten Staaten, das Vereinigte Königreich, Nigeria und Südafrika in der Auslandsberichterstattung die größte Rolle spielen. Die USA sind die größte Volkswirtschaft der Welt und waren im 17. und 18. Jahrhundert britische Kolonien. Großbritannien ist als ehemalige Kolonialmacht Ghanas von großer kultureller Bedeutung und zählt gleichzeitig zu den wichtigsten Wirtschaftsnationen. Nigeria und Südafrika sind ebenfalls ehemalige britische Kolonien und die größten Volkswirtschaften im subsaharischen Afrika. Bei Nigeria ist die räumliche Nähe von besonderer Bedeutung.

Die weitere Analyse der Nachrichtenfaktoren bezieht wiederum alle Artikel ein. Zunächst wird ein weiterer von GALTUNG/RUGE als kulturabhängig bezeichneter Faktor – Elite-Person – untersucht, wozu die politische und kulturelle Elite gerechnet wurde. Dieser Personenkreis kommt in den privaten Zeitungen häufiger zu Wort als in den staatlichen Zeitungen, weil die privaten einen Fokus auf die entsprechenden Themen haben. Die Entwicklungsthemen in den staatlichen Zeitungen führen hingegen dazu, dass eher Behörden oder Vertreter von Bildungs- und Gesundheitseinrichtungen erwähnt werden. Die Vermutung von GALTUNG/RUGE kann somit weder bestätigt noch widerlegt werden.

Nachdem nun die Akteure und die Ereignisorte der Berichterstattung behandelt worden sind, können die Ergebnisse teilweise mit der Analyse des Nachrichtenfaktors Ethnozentrismus zusammengefasst werden. Dabei ist festzuhalten, dass die Ereignisse in knapp zwei Dritteln aller Artikel in Ghana stattfanden und ausschließlich Ghanaer daran beteiligt waren. Es wird deutlich, dass die meisten Artikel einen ethnozentrischen Fokus haben und dieser Nachrichtenfaktor in beiden Zeitungsarten dominant ist. Die Artikel aus dem Ausland ohne ghanaische Beteiligung machen 17 Prozent des Inhalts aus. Ein Unterschied zwischen den beiden Zeitungstypen ist nicht festzustellen.

Die weiteren Nachrichtenfaktoren sind in Abbildung 5.7 zusammengefasst. Dafür wurden die Artikel entsprechend ihrer Größe gewichtet. Die Abbildung zeigt, dass sich die Zeitungen besonders hinsichtlich der Nachrichtenfaktoren Konflikt und Tendenz unterscheiden. Folglich berichten private Zeitungen häufiger über Konflikte und Kontroversen als staatliche. Dementsprechend ist die Tendenz bei den privaten Zeitungen eher neutral bis negativ, während sie bei den staatlichen Zeitungen positiv bis neutral ist. Außerdem wird ersichtlich, dass

| Nachrichtenfaktor | Ausprägung | staatlich (%) | privat (%) | gesamt (%) | Cramérs V | N |
|---|---|---|---|---|---|---|
| Relevanz | geringe Relevanz | 52 | 56 | 54 | 0,03 | 982 |
| | mittlere bis große Relevanz | 48 | 44 | 46 | | |
| Konflikt | kein Konflikt | 80 | 58 | 72 | 0,24** | 1008 |
| | Kontroverse bis offener Konflikt | 20 | 42 | 28 | | |
| Schaden | kein Schaden | 84 | 81 | 83 | 0,05 | 1008 |
| | leichte bis sehr schwere Schäden | 16 | 19 | 17 | | |
| Erfolg | kein Erfolg | 64 | 76 | 68 | 0,12 | 1008 |
| | individueller bis internationaler Erfolg | 36 | 25 | 32 | | |
| Personalisierung | personenbezogen | 62 | 55 | 59 | 0,07 | 981 |
| | ereignisbezogen | 38 | 45 | 41 | | |
| Tendenz | positiv | 42 | 25 | 35 | 0,18* | 975 |
| | neutral | 39 | 46 | 42 | | |
| | negativ | 19 | 29 | 23 | | |
| Skandalisierung | keine Skandalisierung | 97 | 88 | 94 | 0,17** | 1008 |
| | mittlere bis starke Skandalisierung | 3 | 12 | 7 | | |

*: Signifikanzniveau: 0,95; **: 0,99.

Abbildung 5.7: Weitere Nachrichtenfaktoren im Zusammenhang mit dem Zeitungstyp

die privaten Zeitungen häufiger zu Skandalisierungen greifen als die staatlichen. Jedoch sind auch die Artikel der privaten Zeitungen mehrheitlich nicht skandalisierend. Bei den anderen Nachrichtenfaktoren sind keine bedeutsamen Unterschiede festzustellen. Auffällig ist jedoch, dass die Faktoren Relevanz, Schaden und Erfolg nicht entscheidend für die Nachrichtenauswahl sind. Die Mehrheit der Beiträge behandelt Ereignisse ohne Schäden, mit geringer Relevanz und ohne Erfolg. Der Hauptgrund dafür ist, dass in einer Vielzahl der Artikel die Reden von Politikern oder anderen Personen des öffentlichen Lebens in der von Hasty beschriebenen Kettenzitation wiedergegeben werden. Dabei handelt es sich häufig um Appelle an die Bevölkerung. Diese Aufrufe geben nur eine individuelle Perspektive wider und sind für die meisten Menschen ohne Konsequenz. Deswegen haben sie eine geringe Relevanz und schaden oder nützen aber auch fast niemanden. Außerdem wurden alle Sportnachrichten mit der Ausprägung »geringe Relevanz« codiert. Andererseits zeigt sich auch, dass zwei Drittel der Artikel personenbezogen sind. Somit wurden in diesem Punkt Galtung/Ruge bestätigt, während bei der Tendenz ein ambivalentes Ergebnis vorliegt. Die Autoren gehen von einer positiven Tendenz der Berichterstattung in Entwicklungsländern aus.

## 5.4 Darstellung politischer Akteure

In diesem Unterkapitel werden die Zeitungen danach untersucht, wie sie die politischen Akteure Regierung und die beiden wichtigsten Parteien NDC und NPP darstellen. Dazu wurde in Artikeln, in denen diese Akteure behandelt wurden, die Darstellung dieser Protagonisten codiert. Damit soll Hypothese 1.2 überprüft werden.

Abbildung 5.8 gibt eine Übersicht über die Tendenzen. Die Artikel wurden nicht gewichtet. Während die staatlichen Zeitungen vorwiegend positiv über die Regierung und die Regierungspartei NDC berichten, unterscheidet sich die Tendenz bei den privaten nahezu diametral. Sie berichten über die Regierung und über den NDC mehrheitlich negativ. Dagegen ist das Bild bei der NPP uneinheitlich. Die meisten Artikel sind bei beiden Zeitungstypen neutral, jedoch besteht ein leichtes Übergewicht zu Gunsten der NPP bei den privaten bzw. zu ihren Ungunsten bei den staatlichen. Es wird deutlich, dass die staatlichen Zeitungen eher regierungsfreundlich und die privaten regierungskritisch eingestellt sind.

Die Ergebnisse der Inhaltsanalyse machen es nun möglich, die vier untersuchten Zeitungen sowie die beiden Zeitungstypen schematisch anhand von jeweils

| | | staatlich (%) | privat (%) | gesamt (%) | Cramérs V | N |
|---|---|---|---|---|---|---|
| | positiv | 56 | 37 | 50 | | |
| Regierung | neutral | 34 | 23 | 30 | 0,36** | 246 |
| | negativ | 10 | 41 | 20 | | |
| | positiv | 46 | 15 | 26 | | |
| NDC | neutral | 31 | 8 | 15 | 0,52** | 39 |
| | negativ | 23 | 77 | 59 | | |
| | positiv | 18 | 34 | 30 | | |
| NPP | neutral | 55 | 53 | 54 | 0,21 | 43 |
| | negativ | 27 | 13 | 16 | | |

*: Signifikanzniveau: 0,95; **: 0,99.

Abbildung 5.8: Darstellung der politischen Akteure

zwei Dimensionen darzustellen. Die Profile zeigt Abbildung 5.9. Bei den Dimensionen handelt es sich einerseits um die behandelten Themen sowie den Nachrichtenfaktor Konflikt und andererseits um die Darstellung der Regierung und der beiden Parteien.

Das Koordinatensystem in der oberen Hälfte der Abbildung stellt das Journalismusverständnis dar. Im ersten Quadranten liegen die Zeitungen, bei denen Entwicklung ein überdurchschnittlich wichtiges Thema ist und in denen über weniger Konflikte berichtet wird. Dieser Quadrant stellt den Entwicklungsjournalismus dar. Der gegenüberliegende dritte Quadrant beinhaltet Zeitungen, die stärker auf Unterhaltung und *Human Interest* sowie Konflikte und Kontroversen setzen. Dies entspricht eher dem westlichen Journalismus. Es zeigt sich, dass die staatlichen Zeitungen im ersten und die privaten im dritten Quadranten liegen, was Hypothese 1.1 bestätigt. Auffällig ist dabei, dass die staatlichen Zeitungen relativ nahe beieinander liegen, während die privaten größere Unterschiede aufweisen.

Die untere Abbildung stellt die Nähe zur Regierung und den beiden Parteien dar. Im ersten Quadranten sind die regierungsfreundlichen und im dritten Quadranten die regierungskritischen Positionen zu finden. Auch hier zeigt sich, dass sich die staatlichen Zeitungen im ersten und die privaten im gegenüberliegenden Quadranten befinden. Somit wird auch die Hypothese 1.2 bestätigt. Jedoch gilt dies eingeschränkt, da besonders der *Graphic* und *Chronicle* sehr nah

Der Koordinatenursprung markiert den Mittelwert für alle Zeitungen. Die einzelnen Punkte entsprechen somit den Abweichungen von diesem Mittelwert.

Abbildung 5.9: Profile der Zeitungen und Zeitungstypen

am Ursprung liegen. Diese beiden Zeitungen zeichnen sich am ehesten durch überparteiliche Berichterstattung aus.

Neben den Profilen für die Zeitungstypen ist es nun auch möglich die einzelnen Zeitungen näher zu charakterisieren. Dabei zeichnen sich der *Graphic* und die *Times* durch eine Tendenz zum Entwicklungsjournalismus aus, allerdings unterscheiden sie sich deutlich bei der politischen Richtung. Während der *Graphic* annähernd überparteilich und neutral berichtet, steht die *Times* klar auf Seiten der Regierung.

Der *Chronicle* kann beim Thema nicht genau erfasst werden und liegt deshalb nah an der Abzisse. Der Grund dafür ist, dass die Zeitung sich eher auf politische Themen anstatt Entwicklungsthemen und Unterhaltung konzentriert. Dabei werden auch häufig Kontroversen behandelt. Ähnlich wie der *Graphic* ist der *Chronicle* dabei aber weitestgehend überparteilich und neutral. Der *Daily Guide* hingegen setzt klar auf Unterhaltung und *Human Interest*. Des Weiteren steht die Zeitung der Regierung sehr kritisch gegenüber und der NPP im Vergleich zu den anderen Zeitungen am nächsten.

## 5.5 Staatliche Werbung

Der Staat ist in Ghana der größte Werbekunde der Presse. Da die staatlichen Tageszeitungen keinerlei offizielle Subventionen wie Steuervergünstigungen oder Transferzahlungen vom Staat erhalten, liegt die Vermutung nahe, dass der Staat die staatlichen Tageszeitungen durch Anzeigen versteckt subventioniert. Dies wurde auch in Gesprächen mit den Chefredakteuren Emmanuel Opare Djan vom *Daily Democrat* und Ken A. Kuranchie vom *Daily Searchlight* kritisiert.

Um die Frage zu beantworten, ob der Staat die staatlichen Zeitungen bevorteilt, muss zuerst geklärt werden, wie sich die staatliche Werbung zwischen den staatlichen und privaten Zeitungen verteilt. Dazu wurden im Untersuchungsmaterial diese Anzeigen gezählt und vermessen. Zunächst muss allerdings definiert werden, was unter einer »staatlichen Anzeige« zu verstehen ist. Dabei hilft die Definition des Begriffs »staatliche Medien« aus Abschnitt 2.1.1. Demnach liegt eine staatliche Anzeige vor, wenn der Werbekunde eine Institution ist, die eine Staatsgewalt ausübt oder die ausschließlich Aufgaben ausführt, zu denen sie von einer Staatsgewalt beauftragt wurde. Dazu zählen z. B. die Regierung, Ministerien, Behörden, Ämter, Gerichte, Polizei, Zentralbank, Bildungs- und Forschungseinrichtungen sowie Unternehmen, die sich komplett im Staatseigentum befinden. Ausgenommen davon ist Eigenwerbung der staatlichen Zeitungen.

Insgesamt wurden im Untersuchungszeitraum 139 staatliche Anzeigen codiert. Abbildung 5.10 zeigt, wie sich diese auf die vier untersuchten Zeitungen verteilen.

| | Anteil an staatlichen Anzeigen | |
|---|---|---|
| | Anzahl (%) | Fläche (%) |
| *Daily Graphic* | 65 | 60 |
| *Ghanaian Times* | 30 | 35 |
| *Chronicle* | 0 | 0 |
| *Daily Guide* | 4 | 5 |
| staatlich | 96 | 95 |
| privat | 4 | 5 |

Abbildung 5.10: Staatliche Anzeigen in den untersuchten Zeitungen

Die Vermutung, dass in den staatlichen Zeitungen mehr staatliche Anzeigen geschaltet werden, wird klar bestätigt. Fast ausnahmslos wurden diese in den staatlichen Zeitungen geschaltet. Im *Chronicle* fand sich im Untersuchungsmaterial keine staatliche Anzeige und im *Daily Guide* durchschnittlich eine pro Tag. Somit dominieren *Graphic* und *Times* eindeutig.

Allerdings ist mit dieser Feststellung noch nicht geklärt, ob es sich bei diesem Phänomen um eine versteckte Subvention handelt. Denn die einseitige Schaltung der Anzeigen in den staatlichen Zeitungen kann auch in ihrer höheren Auflage begründet liegen. Auch Privatunternehmen schalten häufiger in den staatlichen als in den privaten Zeitungen Anzeigen. Der Tausender-Kontakt-Preis kann als Maßstab verwendet werden, um zu entscheiden, in welcher Zeitung eine Anzeige günstiger ist. Allerdings ist nur die Auflage der Zeitungen, nicht aber die Reichweite bekannt. Deshalb wird hier die Auflage als Größe der Zielgruppe verwendet, da anzunehmen ist, dass die Zahl der Leser pro Exemplar bei beiden Zeitungen gleich groß sind. Die Werbepreise für den *Graphic* und den *Daily Guide* liegen vor, genauso wie die Höhe der Auflage, die in Abbildung 6.3 in Kapitel 6 zu finden ist. Die Auflage des *Graphic* beträgt 100 000 Exemplare, die des *Daily Guide* 22 000. Abbildung 5.11 zeigt die Werbepreise[33] und die daraus ermittelten Tausender-Kontakt-Preise für eine ganze, halbe und Viertelseite in schwarzweiß.

**33** Als Wechselkurs für den Neuen Ghanaischen Cedi wird im Verlauf dieser Studie der Mittelwert der Interbankenrate vom 15. Juni 2010 verwendet. Demnach beträgt ein Cedi 0,56271 Euro bzw. 0,69042 US-Dollar.

| | | Werbepreis (€) | TKP (€) |
|---|---|---|---|
| ganze Seite | *Daily Graphic* | 684,31 | 6,84 |
| | *Daily Guide* | 393,90 | 17,90 |
| halbe Seite | *Daily Graphic* | 410,46 | 4,10 |
| | *Daily Guide* | 223,40 | 10,15 |
| Viertelseite | *Daily Graphic* | 239,29 | 2,39 |
| | *Daily Guide* | 150,69 | 6,85 |

Abbildung 5.11: Werbepreise und Tausender-Kontakt-Preis (TKP) des *Graphic* und *Daily Guide*

Es wird ersichtlich, dass der Tausender-Kontakt-Preis beim *Daily Guide* mehr als zweimal so hoch wie beim *Graphic* ist. Somit zeigt sich, dass es ökonomisch betrachtet sinnvoller ist im *Graphic* zu inserieren als im *Daily Guide*. Es ist wahrscheinlich, dass sich dies bei den anderen staatlichen und privaten Zeitungen ähnlich verhält. Folglich kann die einseitige Anzeigenschaltung der staatlichen Institutionen eine versteckte staatliche Subvention nicht belegen, weshalb Hypothese 2.4 nicht bestätigt, aber auch nicht eindeutig widerlegt werden kann. Es stellt sich die Frage, warum der Staat überhaupt so viele Anzeigen schaltet und ob er das wirtschaftliche Argument nutzt um versteckte Subventionen zu rechtfertigen. Bei den meisten staatlichen Annoncen handelt es sich um öffentliche Ausschreibungen, deren Publikation möglicherweise gesetzlich vorgeschrieben ist. Des Weiteren ist fraglich, inwieweit der Staat seine wirtschaftliche Macht als größter Anzeigenkunde nutzen kann, um Einfluss auf redaktionelle Entscheidungen sowohl bei den staatlichen als auch den privaten Zeitungen auszuüben.

## 5.6 Zusammenfassung

In diesem Kapitel konnten drei Hypothesen überprüft werden. Hypothese 1.1 postuliert, dass sich das journalistische Selbstverständnis der staatlichen und privaten Zeitungen unterscheidet. Die Inhaltsanalyse bestätigt diese Aussage. Während die staatlichen Zeitungen verstärkt Entwicklungsthemen behandeln, setzen die privaten Zeitungen vor allem auf politische Berichterstattung, Unterhaltung und *Human Interest*. Außerdem werden in den privaten Zeitungen eher Kontroversen und Konflikte thematisiert als in den staatlichen Zeitungen. Dort sind die Berichte eher positiv bis neutral im Gegensatz zu den privaten, die eine negative bis neutrale Tendenz vorweisen. Somit kann festgehalten werden, dass die staatlichen Zeitungen zum Entwicklungsjournalismus tendieren, während die privaten zum westlichen Journalismusverständnis neigen. Jedoch gibt es auch Nachrichtenfaktoren, bei denen die Gemeinsamkeiten überwiegen, wie beispielsweise die Personenbezogenheit, die räumliche und kulturelle Nähe.

Hypothese 1.2 konnte ebenfalls bestätigt werden, wenn auch nicht so eindeutig wie die vorherige These. Zwar tendieren die staatlichen Zeitungen zu einer positiven Darstellung der Regierung und die privaten zu einer negativen, allerdings weisen die privaten Zeitungen keine eindeutige Parteienpräferenz auf. Sie sind zwar NDC-kritisch, aber stehen der NPP neutral gegenüber. Allerdings ist dabei zu beachten, dass der *Chronicle* insgesamt eher ausgeglichen berichtet und der *Daily Guide* die NPP klar präferiert. Diese Ergebnisse zeigen auch, dass die ghanaische Presselandschaft im Wesentlichen den in Abschnitt 2.2.3 vorgestellten Mustern anderer Mediensysteme im subsaharischen Afrika ähnelt.

Des Weiteren konnte belegt werden, dass der Staat eindeutig mehr Anzeigen in den staatlichen als in den privaten Zeitungen schaltet. Berücksichtigt man allerdings die Anzeigenpreise, so ist die Entscheidung der staatlichen Institutionen wirtschaftlich gerechtfertigt, da der Tausender-Kontakt-Preis bei den staatlichen Zeitungen wesentlich niedriger ist. Hypothese 2.4, die von versteckten Subventionen durch den Staat an die staatlichen Zeitungen ausgeht, kann dementsprechend nicht bestätigt, allerdings auch nicht widerlegt werden, da unklar ist, warum überhaupt eine solche Vielzahl von Annoncen durch den Staat geschaltet wird.

# 6 Medienstruktur und -organisation

In diesem Kapitel werden die Struktur der ghanaischen Medien mit Fokus auf die Presse sowie die Organisation der Zeitungsredaktionen und damit der Strukturkontext des Mediensystems behandelt. Die Analyse erfolgt hauptsächlich anhand von Primärdaten. Diese wurden durch teilnehmende Beobachtungen des Verfassers in den Redaktionen des staatlichen *Daily Graphic* und des privaten *Daily Guide* sowie durch qualitative Befragungen der Chefredakteure beider Zeitungen erhoben, weshalb diese Zeitungen im Vordergrund stehen.

Die Medienstruktur wird in erster Linie durch eine Marktanalyse der ghanaischen Medien- und insbesondere der Presselandschaft untersucht. Die Medienorganisation und -ausstattung wird am Beispiel des *Graphic* und *Daily Guide* analysiert. Dadurch sollen die Hypothesen 2.1 und 2.2 überprüft werden. Die erste geht davon aus, dass die Marktstruktur die Ursache für die im vorherigen Kapitel gefundenen inhaltlichen Unterschiede ist, während die zweite die Organisation als Grund dafür sieht.

## 6.1 Medienstruktur

In diesem Abschnitt wird in erster Linie der Pressemarkt, insbesondere der Markt der Tageszeitungen behandelt. Jedoch werden auch Hörfunk, Fernsehen, Internet bzw. *World Wide Web* und die Nachrichtenagentur *Ghana News Agency* (GNA) vorgestellt.

### 6.1.1 Pressemarkt

Zur Presse zählen Zeitungen und Zeitschriften. Der allgemeine definitorische Unterschied zwischen beiden liegt in der geringeren Aktualität und oftmals auch Universalität der Zeitschriften im Vergleich zur Zeitung (vgl. Wilke 2003: 469).

#### Einschränkungen

Der Pressemarkt in Ghana unterliegt drei zentralen Einschränkungen, die seine Größe und sein Wachstum hemmen.

1. *Analphabetismus:* Die Lesefähigkeit ist Grundvoraussetzung für die Rezeption von Presseerzeugnissen. Die Analphabetenquote in Ghana beträgt 35 Prozent.
2. *Kosten:* Ein Drittel der Bevölkerung hat täglich weniger als 1,25 US-Dollar zur Verfügung. Eine Ausgabe des *Daily Graphic* und der meisten anderen Zeitungen kostet einen Cedi (0,56 Euro/0,69 US-Dollar).
3. *Verfügbarkeit:* Fast alle überregionalen Zeitungen und Zeitschriften werden in Accra gedruckt und müssen von dort aus in die anderen Regionen und Städte transportiert werden. Das führt dazu, dass Presseerzeugnisse in ländlichen Regionen so gut wie gar nicht verfügbar sind und in den Städten im Norden meist mit ein bis zwei Tagen Verspätung erscheinen[34].

Aufgrund dieser Einschränkungen besteht die Leserschaft der Zeitungen weitestgehend aus der urbanen Mittel- und Oberschicht des Landes. 3,6 Millionen Menschen lebten 2000 in den Städten und bezeichneten sich als alphabetisiert (vgl. GSS 2005: 32). Allerdings wird hierbei das Einkommen nicht berücksichtigt. Der vom Deutschen Entwicklungsdienst beauftragte Berater der NMC, Michael Hasenpusch, schätzt den ghanaischen Pressemarkt dementsprechend auf zwei bis drei Millionen Leser, was zwischen acht und zwölf Prozent der Bevölkerung entspricht. Somit zeigt sich, dass die Zeitungen ein Medium der urbanen Elite ist. Die Massenkommunikation findet folglich als Austausch auf horizontaler Ebene innerhalb der Elite statt und nicht als vertikale Vermittlung zwischen der Elite und den Normalbürgern. Dies würde die These untermauern, dass das ghanaische Mediensystem am ehesten zum polarisiert-pluralistischen Modell nach HALLIN/MANCINI passt.

### Distribution

Die Zeitungen und Zeitschriften werden von den Druckereien in die verschiedenen Städte gefahren und dort weiterverteilt. In Accra werden die Zeitungen zwischen vier und fünf Uhr morgens von den Druckereien zum Kwame Nkrumah Circle – dem zentralen Verkehrsknotenpunkt der Stadt – transportiert. Dort holen die Großhändler die Zeitungen ab und verteilen sie an die entsprechenden Zeitungsstände. Diese befinden sich in Accra meist an *Tro-Tro*-Stationen. An den Kiosken werden die verschiedenen Zeitungsausgaben des Tages an Wäscheleinen aufgehängt, so dass potenzielle Kunden die Titelseiten komplett lesen können. Dementsprechend hat die Titelseite eine besondere Bedeutung, da ein Blättern

34 Eine Ausnahme stellt der *Daily Guide* dar, dessen Ausgaben morgens per Flugzeug von Accra nach Tamale transportiert werden. Somit erscheinen sie im Norden früher als die Konkurrenz.

in der Zeitung nur nach Kauf dieser möglich ist. Abbildung 6.1 zeigt einen solchen Kiosk.

In einem Zeitungsstand finden sich je nach seiner Größe zwischen sieben und 30 verschiedene Zeitungen und Zeitschriften. Die staatlichen Zeitungen beliefern die Zeitungsstände besonders regelmäßig und in größeren Mengen, wodurch die größere Auflage zum Teil erklärt werden kann. Allerdings finden sich auch die privaten Zeitungen *Chronicle* und *Daily Guide* regelmäßig an den Kiosken. Bei anderen Zeitungen kann es jedoch selbst in Accra häufiger zu Lieferschwierigkeiten kommen (vgl. Gemegah/Agyemang 2009: 3).

### Zeitschriften und regionale Zeitungen

Besonders vor Wahlen kommen neue Presseerzeugnisse auf den Markt, die meistens kurz danach wieder verschwinden. Die NMC ermittelte, dass im Jahr 2006, in dem keine Wahl stattfand, im gesamten Land 450 verschiedene Zeitungen und Zeitschriften im Umlauf waren (vgl. NMC 2006: 7–10).

Diese behandeln ein breites Themenspektrum von Wirtschaft *(Business & Financial Times)* über Sport *(Graphic Sports)* oder *Human Interest (Ebony)* bis Religion *(Christian Mail)*. Aber auch ausländische Zeitungen wie die britische *Sun* werden verkauft. Daneben existieren politische Zeitungen wie das *Heritage* oder die *Ghanaian Lens*, die mehrmals pro Woche erscheinen. Eine Besonderheit in Ghana sind Zeitungen extra für Kinder und Jugendliche wie der *Junior Graphic*, mit denen die Verlage die Zielgruppe mit der Zeitung sozialisieren möchten. Regionale Zeitungen erscheinen vor allem in der Ashanti Region. Dazu zählen der *Pioneer* und die *Nsɛmpa*[35], die teilweise in Akan erscheint.

### Überregionale Tageszeitungen

Der Fokus dieser Studie liegt auf den überregionalen Tageszeitungen, die in Abschnitt 2.1.1 definiert und aufgezählt wurden. Abbildung 6.2 zeigt die Titelseiten der vier auflagenstärksten Zeitungen – *Graphic, Times, Chronicle* und *Daily Guide* – und Abbildung 6.3 die neun überregionalen Zeitungen entsprechend ihrer Auflage. Dabei ist zu beachten, dass keine unabhängige Organisation existiert, die die Auflagen der Presse erfasst. Somit basieren die Daten auf Eigenangaben der Verlage. Des Weiteren sind Angaben zur Auflage der *World Association of Newspapers and News Publishers* (WAN) von 2007 aufgeführt.

Deutlich wird vor allem der Abstand der staatlichen zu den privaten Zeitungen. In von NMC-Mitarbeitern geführten Interviews mit Zeitungskäufern ga-

35 Akan für »gute Nachricht«.

Quelle: eigene Aufnahme.

Abbildung 6.1: Zeitungsstand in Accra (Ring Road, Ecke Royal Castle Road)

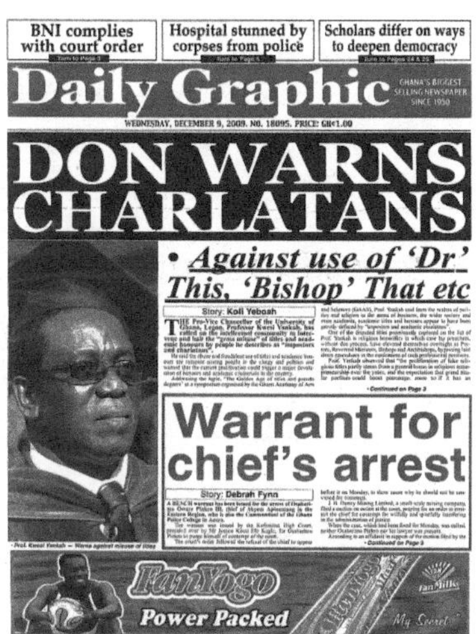
BNI complies with court order

Hospital stunned by corpses from police

Scholars differ on ways to deepen democracy

Daily Graphic

GHANA'S BIGGEST SELLING NEWSPAPER SINCE 1950

WEDNESDAY, DECEMBER 9, 2009. NO. 18095. PRICE: GH¢1.00

# DON WARNS CHARLATANS

• Against use of 'Dr' This, 'Bishop' That etc

Story: Kofi Yeboah

# Warrant for chief's arrest

Story: Debrah Fynn

Power Packed

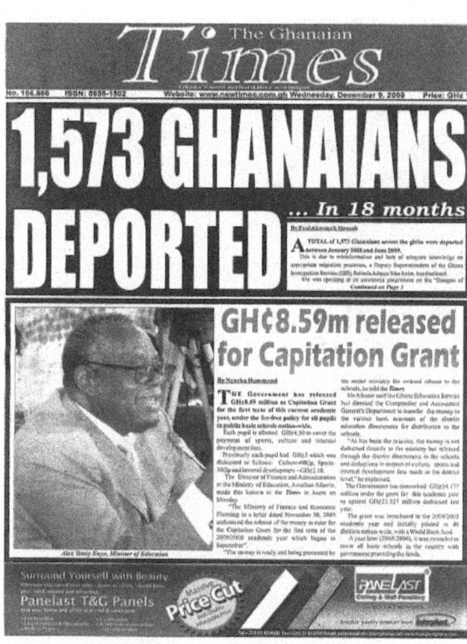
The Ghanaian Times

Wednesday, December 9, 2009

# 1,573 GHANAIANS DEPORTED

... In 18 months

## GH¢8.59m released for Capitation Grant

Surround Yourself with Beauty

Panelast T&G Panels

Price Cut

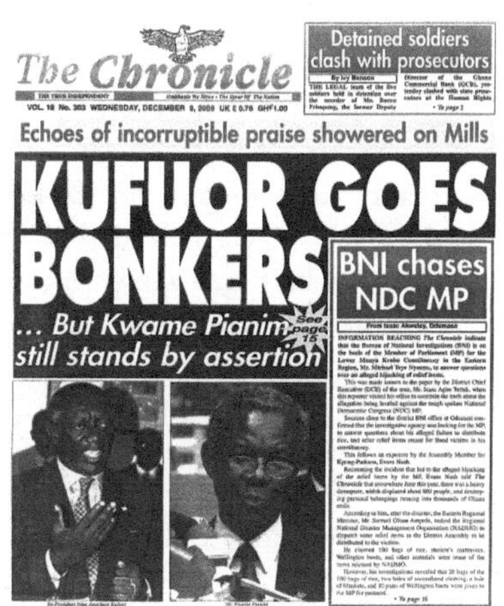
The Chronicle

Detained soldiers clash with prosecutors

Echoes of incorruptible praise showered on Mills

# KUFUOR GOES BONKERS

... But Kwame Pianim still stands by assertion

See page 15

## BNI chases NDC MP

Visit the online edition @ www.dailyguideghana.com

DAILY GUIDE

Big In News, Big In Spread

## Soldiers Wives In Tears

See stories on pages 2&3

# Man Inserts Pepper Into Niece

# NDC BLOWS ¢56bn On Bungalows

Royalhouse Chapel International

Abbildung 6.2: Titelseiten der vier wichtigsten Zeitungen vom 9. Dezember 2009

| | Auflage (Verlagsangaben) | Auflage (WAN) |
|---|---|---|
| *Daily Graphic* | 100 000 | 150 000 |
| *Ghanaian Times* | 80 000 | 15 000 |
| *Chronicle* | 45 000 | 15 000 |
| *Daily Guide* | 22 000 | 17 000 |
| *Daily Democrat* | 5000 | |
| *Daily Dispatch* | 5000 | |
| *New Crusading Guide* | 5000 | |
| *Daily Post* | 5000 | |
| *Daily Searchlight* | 1500 | |
| Gesamt | 268 500 | |

Quelle: Eigenangaben der Verlage bzw. WAN 2007: 371.

Abbildung 6.3: Auflagen der überregionalen Tageszeitungen

ben viele Leser an, dass sie die staatlichen Zeitungen kaufen, weil sie seriöser und glaubwürdiger als die privaten seien (vgl. GEMEGAH/AGYEMANG 2009: 4). Eine Studie zum Lesermarkt von ANSU-KYEREMEH/GADZEKPO (1996) zeigt, dass der *Graphic* die reichweitenstärkste Zeitung des Landes ist (vgl. 5–6). Jedoch ist diese Studie nicht mehr aktuell und bildet die heutige Presselandschaft nur eingeschränkt ab.

Neben der Auflagenstärke kann der Pressemarkt auch anhand der Beschäftigtenzahlen charakterisiert werden, wie Abbildung 6.4 zeigt. Auch hierbei handelt es sich um Eigenangaben der Verlage. Zu den Beschäftigten zählen hier alle Personen, die aktiv an der Erstellung der Zeitung beteiligt sind. Dazu gehören auch dauerhaft von der Zeitung beschäftigte freie Mitarbeiter – sogenannte »feste Freie«.

Auch hier führt der *Graphic* klar vor den anderen Zeitungen. Jedoch zeigt sich, dass die *Times* und einige private Zeitungen wie der *Daily Guide* nahe beieinander liegen. Auffallend ist insbesondere, dass die *Post* genauso viele Journalisten beschäftigt wie der nach Auflage neunmal größere *Chronicle*.

Neben Auflage und Beschäftigten ist der Gewinn ein weiterer Indikator um den Zeitungsmarkt zu beschreiben. Bei den beiden staatlichen Verlagen besteht eine Veröffentlichungspflicht des wirtschaftlichen Ergebnisses gegenüber dem Finanzministerium und der NMC. Demnach erwirtschaftete der Verlag des *Graphic*, die *Graphic Communications Group Ltd.*, 2005 einen Gewinn in Höhe von 1,5

| | Hauptsitz | Außenstellen | gesamt |
|---|---|---|---|
| *Daily Graphic* | 43 | 32 | 75 |
| *Ghanaian Times* | 39 | 10 | 49 |
| *Chronicle* | 25 | 10 | 35 |
| *Daily Guide* | 35 | 17 | 52 |
| *Daily Democrat* | 12 | 9 | 21 |
| *Daily Dispatch* | 16 | 9 | 25 |
| *New Crusading Guide* | 15 | 3 | 18 |
| *Daily Post* | 15 | 20 | 35 |
| *Daily Searchlight* | 13 | 6 | 19 |
| Gesamt | 213 | 116 | 329 |

Quelle: Eigenangaben der Verlage

Abbildung 6.4: Beschäftigtenzahlen der überregionalen Tageszeitungen

Millionen Euro vor Steuern und Abgaben, bei einer Umsatzrentabilität von 18 Prozent. Der Verlag der *Times*, die *New Times Corporation*, erzielte im gleichen Jahr einen wesentlich geringeren Nettogewinn von 19 244 Euro. Auch betrug die Umsatzrentabilität lediglich 1,8 Prozent, was die *Graphic Communications Group Ltd.* zehnmal rentabler als die *New Times Corporation* macht (NMC 2005).

Die privaten Verlage sind nicht zur Veröffentlichung ihrer Ergebnisse und Bilanzen verpflichtet, da keiner von ihnen börsennotiert ist, so dass zur Beurteilung Aussagen der Chefredakteure und Experten sowie Beobachtungen des Verfassers herangezogen werden müssen. Der Chefredakteur des *Daily Guide* berichtete, dass die Geschäfte der *Western Publications Ltd.* gut laufen würden und dass das Unternehmen wachse. Bei den Verlagen der beiden großen privaten Zeitungen *Chronicle* und *Daily Guide* ist davon auszugehen, dass sie die Kosten selbstständig aus ihren Umsätzen finanzieren können. Dafür spricht die Expansion beider Zeitungen. Hingegen ist die wirtschaftliche Tragfähigkeit bei den übrigen kleineren Zeitungen fraglich. Beim *New Crusading Guide* und dem *Daily Searchlight* beispielsweise sind die Herausgeber und Eigentümer gleichzeitig auch Chefredakteure und arbeiten aktiv als Journalisten an der Zeitung mit. Die kleineren Zeitungen erwecken den Anschein, als dienten sie in erster Linie als politisches Vehikel ihrer Herausgeber und nicht dem Erzielen von Gewinn. Theophilus Tetteh, der Forschungskoordinator der NMC, geht davon aus, dass die Herausgeber dieser kleinen Zeitungen die Verluste aus ihrem Privatvermögen finanzieren.

## Zentrales Strukturmerkmal

Eine zentrale Besonderheit des ghanaischen Pressewesens ist, dass die wichtigsten privaten Zeitungen relativ klar als der NPP nahestehend zugeordnet werden können, während die staatlichen Zeitungen der Regierung nahe stehen. Dies hat geschichtliche Gründe: Als 1992 mit Aufhebung der Lizenzpflicht die Medienfreiheit eingeführt wurde, kam die Opposition in den staatlichen Zeitungen kaum zu Wort. Deshalb sollte mit der Gründung privater Zeitungen ein Gegengewicht zur regierungsfreundlichen staatlichen Presse geschaffen werden. Aus diesem Grund stehen die meisten privaten Zeitungen eher der NPP nahe, die unter Rawlings von 1992 bis 2000 die größte Oppositionspartei war (vgl. HASTY 2005: 112–123). Ausnahmen sind dabei der *Democrat* und die *Post*, die als eher NDC-nah gelten und die *Dispatch*, die keiner politischen Richtung zugeordnet werden kann. Jedoch hat sich die starke politische Bindung der Zeitungen reduziert, seitdem Rawlings als Präsident abgelöst wurde[36]. Das zeigen auch die Ergebnisse der Inhaltsanalyse, die zu dem Schluss kommen, dass der *Chronicle* weitestgehend überparteilich berichtet. Nichtsdestoweniger fiel die Zeitung bei der vergangenen Präsidentschaftswahl häufig durch einseitige Unterstützung des NPP-Kandidaten Nana Akufo-Addo auf. Ein Beleg dafür ist der Wahlaufruf vom 5. Dezember 2008, in dem die Zeitung nicht zwischen den Kandidaten abwog, sondern lediglich zur Wahl von Akufo-Addo aufrief (o. V. 2008). Durch diese Verteilung der politischen Sympathien wird auch deutlich, dass der NDC im Falle einer NPP-geführten Regierung – wie von 2000 bis 2008 unter Kufour – Probleme hat in der Presse überhaupt noch wahrgenommen zu werden. Aus diesem Grund ist die Verpflichtung der staatlichen Zeitungen zu Überparteilichkeit besonders wichtig, da in einer solchen Situation nur sie der Opposition Gehör verschaffen können.

Dieses zentrale Strukturmerkmal wird auch von den bisherigen Untersuchungen bestätigt, wie sie im Forschungsstand besonders bei HASTY (2005) und DEBRAH (2004) in Kapitel 2 dargestellt werden. Auch Ergebnisse der Journalistenbefragung in Kapitel 7 und Aussagen des Forschungskoordinators der NMC zeigen deutlich in diese Richtung. Somit wird Hypothese 2.2, welche die Struktur für die Unterschiede zwischen den Zeitungstypen verantwortlich macht, bestätigt. Außerdem kann dieses Ergebnis als Beleg für Hypothese 2.5 gewertet werden, da solche politischen Präferenzen vor allem in polarisiert-pluralistische Mediensystemen vorzufinden sind. Damit geht auch einher, dass in Ghanas Pressewesen

**36** Ein gutes Beispiel für diese Annäherung ist der Besuch der Herausgeberin des *Daily Guide*, Gina Blay, beim ehemaligen Präsidenten Rawlings, was in den 1990er Jahren unvorstellbar gewesen wäre (vgl. DAILY GUIDE 2010).

Außenpluralismus vorzufinden ist, in dem sich die Meinungsvielfalt aus dem publizistischen Gesamtbild ergibt.

### 6.1.2 Übriger Medienmarkt

#### Rundfunk

Das Radio ist das wichtigste Medium in Ghana. Ein Radiogerät ist relativ günstig zu erwerben, kann auch ohne Anschluss an das Stromnetz mit Batterien betrieben oder im Auto benutzt werden und setzt keine Lesekenntnisse voraus. Aus diesem Grund boomt der Hörfunk in Ghana. So hatten 2001 rund zwei Drittel der Bevölkerung ein eigenes Radiogerät und die Zahl der lizenzierten Radiostationen hat sich seit 2000 mehr als vervierfacht. Es gibt Stationen in allen zehn Regionen und viele Stationen senden in den lokalen Sprachen. Die staatliche *Ghana Broadcasting Corporation* (GBC) betreibt die nationalen Stationen *Radio 1* und *Radio 2* und in jeder Region zusätzlich einen lokalen Sender. Außerdem gibt es eine Vielzahl privater Sender von denen *JoyFM, Citi FM* und *Peace FM* zu den bekanntesten zählen (vgl. GHANAWEB 2011; NATIONAL COMMUNICATIONS AUTHORITY 2010: 2). Bright Blewu, der Generalsekretär der GJA, bezeichnet den Hörfunk als »the new media of Ghana« und der Forschungskoordinator der NMC empfiehlt kleinen Zeitungen ihre Artikel im Radio vorzulesen, da sie dort einen größeren Personenkreis erreichen würden. Allerdings werden die Schlagzeilen der Zeitungen jeden Morgen auch im Radio diskutiert, so dass die Presse im gewissen Maße *Agenda Setting* betreibt und somit als Leitmedium fungiert (vgl. HASTY 2005: 1).

Auch das Fernsehen erlebt einen enormen Aufschwung. Dies ist vor allem mit dem Rückgang der Preise für TV-Geräte und dem technischen Fortschritt bei der Übertragung verbunden. Es gab 2005 sieben aktive Fernsehsender, die im ganzen Land empfangen werden konnten. Die staatliche GBC strahlt *Ghana TV* aus, daneben existieren private Sender wie *Metro TV, TV3* und *Viasat 1* (vgl. ASARE 2009: 14). Insgesamt arbeiten laut Blewu rund die Hälfte der Journalisten, die bei der GJA Mitglied sind, für den Rundfunk.

#### Internet und *World Wide Web*

Insgesamt nutzen rund vier Prozent der Bevölkerung des Internet und etwas mehr als ein Promille hat einen Internetanschluss. Somit hat der überwiegende Teil keinen Zugang zum weltweiten Netz, jedoch nimmt die Verbreitung des Internets zu, wenn auch langsam. So hat sich die Zahl der Internetprovider von 2000 bis 2004 fast verfünffacht und auch in den nördlichen Regionen wurde die Infrastruktur ausgebaut. Des Weiteren verbreitet sich die Mobilfunktelefonie im gesamten Land, so dass mittlerweile die Hälfte der Bevölkerung im Besitz eines Mobiltelefons ist. Mit der Ausbreitung des mobilen Internets eröffnet sich hier ein Zukunftsmarkt (vgl. Foster et al. 2004: 660–661; International Telecommunication Union 2011).

Die beiden größten ghanaischen Nachrichtenportale sind *GhanaWeb* (http://ghanaweb.com) und *Modernghana.com* (http://www.modernghana.com). Diese Portale produzieren keine eigenen Inhalte, sondern aggregieren die Inhalte anderer Medien. Neben diesen Portalen werden besonders die Internetseiten der Radiosender *Joy FM* und *Peace FM* häufig besucht (vgl. Alexa Internet 2011). Auch ein Großteil der Fernsehsender und Zeitungen sowie die GNA haben eigene Internetauftritte.

### Nachrichtenagentur – *Ghana News Agency*

Die *Ghana News Agency* (GNA) wurde 1957 von Nkrumah gegründet und war die erste Nachrichtenagentur im subsaharischen Afrika. Nkrumah wollte mit ihr ein Gegengewicht zur westlich dominierten Kommunikationsordnung schaffen. Sie befindet sich bis heute in staatlichem Eigentum.

Als nationale Agentur fokussiert die GNA besonders auf lokale Nachrichten und berichtet nach eigenen Angaben mindestens fünfmal jährlich aus jedem der 138 Bezirke. Die Agentur produziert werktäglich 30 000 Wörter und am Wochenende 10 000. Dabei werden alle Themengebiete von Politik bis zum Vermischten abgedeckt. Für internationales Material hat die GNA Abkommen mit der chinesischen Agentur *Xinhua*, der US-Agentur *United Press International* (UPI), dem indischen *Press Trust of India* (PTI) und der *Yonhap* aus Südkorea (vgl. Asante 1996: 10-11; GNA 2010). Die Nachrichten werden in Form von E-Mails an die jeweiligen Redaktionen geschickt und können auch Fotos enthalten.

## 6.2 Medienorganisation

In diesem Unterkapitel wird die Medienorganisation staatlicher und privater Zeitungen beispielhaft anhand des *Daily Graphic* und des *Daily Guide* untersucht. Hierbei sind besonders die Erkenntnisse der teilnehmenden Beobachtung und die qualitativen Interviews von Bedeutung. Aus diesem Grund wird zunächst der Beobachtungskontext beschrieben. Danach folgt eine Präsentation der beiden Zeitungen und die Analyse der redaktionellen Organisation. Ziel des Unterkapitels ist die Überprüfung von Hypothese 2.2, welche postuliert, dass die Organisation für die inhaltlichen Unterschiede verantwortlich ist.

### 6.2.1 Kontext der teilnehmenden Beobachtung

Die teilnehmende Beobachtung fand in den Zentralredaktionen von *Graphic* und *Daily Guide* in Accra statt, die nacheinander über den Zeitraum von jeweils vier Wochen vom Verfasser beobachtet wurden. Die Beobachtung begann in der Redaktion des *Graphic* und dauerte vom 14. September bis zum 11. Oktober 2009. Beim *Daily Guide* wurde sie vom 19. Oktober bis zum 15. November 2009 durchgeführt.

Der Verfasser nahm während der Beobachtungszeit in Form eines Praktikums am Redaktionsgeschehen teil. Dem Chefredakteur, *news editor*[37] und beim *Graphic* der Personalabteilung wurde im Bewerbungsschreiben und während des ersten Gespräches ausdrücklich mitgeteilt, dass die Mitarbeit in der Redaktion der Beobachtung und Datenerhebung im Rahmen dieser Studie dient. Der Verfasser wurde in den beiden Redaktionen allerdings als Praktikant vorgestellt und als solcher von den anderen Journalisten wahrgenommen. Erst bei Nachfragen von Journalisten und in persönlichen Gesprächen wurde ihnen der Zweck des Praktikums und der Beobachtung erklärt. Mit diesem Verhalten wurden einerseits die Rechte der Beobachteten gewahrt, andererseits sollten auch mögliche Störeinflüsse minimiert werden. Solche treten oft auf, wenn den Beobachteten bewusst ist, dass sie beobachtet werden und sie daraufhin ihr Verhalten ändern (vgl. Gehrau 2002: 34–35; Spradley 2007: 22–23).

In beiden Redaktionen war der Verfasser als *reporter* in den Arbeitsalltag eingebunden und begleitete andere *reporter* zu Terminen und Veranstaltungen oder nahm sie alleine wahr, er schrieb die Artikel alleine oder gemeinsam mit anderen. In beiden Zeitungen wurden jeweils vier Artikel des Verfassers im Laufe des Beobachtungszeitraums veröffentlicht. Die aktive Teilnahme am Redaktionsgeschehen hatte zwar den Vorteil, dass der Verfasser im Arbeitsalltag weniger als Fremder wahrgenommen wurde, da an ihn ähnliche Erwartungen wie an andere Journalisten gerichtet wurden. Jedoch hatte dies den Nachteil, dass der Zeitraum für die Beobachtung und Protokollierung sank, weil er den ihm übertragenen Aufgaben nachkommen musste. Dieser Zielkonflikt trat verstärkt im *Graphic* auf, denn dort wurde der Verfasser fast jeden Tag zu einem Termin entsandt und ein Artikel von ihm erwartet. Erschwert wurde die Situation dadurch, dass solche Termine meist in Begleitung eines anderen ausländischen Praktikanten began-

37 Für die Berufs- und Tätigkeitsbezeichnungen der Redakteure wird meistens die englische Bezeichnung verwendet, da die deutschen Übersetzungen häufig ungenau oder unpassend sind.

gen wurden, so dass die Arbeit der ghanaischen *reporter* außerhalb der Redaktion beim *Graphic* seltener beobachtet werden konnte. Diese Probleme wurden kompensiert, indem die Artikel möglichst schnell fertig gestellt wurden um noch ausreichend Zeit für Beobachtung und Befragung zu haben. Beim *Daily Guide* gab es seltener Termine außerhalb der Redaktion, weshalb das Geschehen hier intensiver beobachtet werden konnte.

Die Beobachtung bestand einerseits aus der aktiven Teilnahme am Redaktionsalltag, andererseits aus der Befragung der Journalisten. Die Ereignisse und Ergebnisse wurden zeitnah in einem Feldtagebuch notiert und am Ende des Arbeitstages zur Reflexion zusammengefasst. Die Beobachtung, die Befragungen und auch die Protokollierung fanden unstrukturiert und frei statt. Damit wurde gewährleistet, dass möglichst viele Eindrücke gesammelt werden konnten, da die teilnehmende Beobachtung in erster Linie der Exploration diente. Die Befragungen fanden meist in Pausen während der Arbeit statt, so dass sie in möglichst ungezwungener Atmosphäre geführt werden konnten.

Die Möglichkeiten der teilnehmenden Beobachtung fanden allerdings ihre methodologischen und praktischen Grenzen. Aus wissenschaftstheoretischer Perspektive lassen sich die gewonnenen Ergebnisse nur eingeschränkt verallgemeinern, da sie rein subjektiver Natur sind. Zum anderen beschränken der Beobachtungszeitraum und die Anzahl der beobachteten Redaktionen die Objektivierbarkeit. Ferner stand der Verfasser als Praktikant in der redaktionellen Hierarchie an einer der untersten Stellen, was den Zugang zu gewissen Bereichen oder Informationen erschwerte. Beispielsweise wurde ihm in beiden Zeitungen die Teilnahme an der Redaktionskonferenz verweigert. Außerdem gab es kulturelle und sprachliche Hürden. So wurden besonders beim *Daily Guide* Gespräche häufiger in der lokalen Sprache Akan geführt und bestimmte landestypische Verhaltensweisen, Eigenheiten oder Sachverhalte waren dem Verfasser nicht bekannt. In gewisser Weise bleibt man aufgrund dieser kulturellen Unterschiede trotz der Einbindung in den Arbeits- und Redaktionsalltag ein Fremder.

### 6.2.2 Präsentation der Zeitungen

#### *Daily Graphic*

Der *Daily Graphic* wurde 1950 von Cecil King, dem Eigentümer der *Mirror Group*, gegründet. Er positionierte sich während der Debatte um die Unabhängigkeit der Goldküste neutral zwischen der britischen Kolonialverwaltung und der Unabhängigkeitsbewegung, weshalb er als unabhängig und qualitativ hochwertig galt. Außerdem setzte er eine moderne Schnellpresse ein, während andere Zeitungen noch von Hand gesetzt werden mussten. Somit wurde der *Graphic* schnell zur Zeitung mit der größten Leserschaft (vgl. ASANTE 1996: 1–8). Nach der Unabhängigkeit wollte Nkrumah die Kontrolle über alle Medien erlangen, was King erkannte und ihm die Zeitung zum Verkauf anbot. Die ghanaische Regierung kaufte den *Graphic* 1962, der sich seitdem in Staatseigentum befindet (vgl. ASANTE 1996: 13–35). Als Verlag für den *Graphic* uns seine Schwesterzeitungen wurde 1980 die *Graphic Communications Group Ltd.* mit der Regierung als einzigem Gesellschafter gegründet. Unter der Militärregierung von Rawlings hieß die Zeitung kurzzeitig *People's Daily Graphic* (vgl. ASANTE 1996: 77–91).

Heute ist die Zeitung weiterhin die auflagenstärkste des Landes und erscheint sechsmal pro Woche. Neben dem *Daily Graphic* gibt die Gruppe weitere sieben Zeitungen heraus: die Wochenendzeitung *Mirror*, die Sportzeitung *Graphic Sports*, die Zeischrift für die Ashanti Region *Nsɛmpa*, für *Human Interest* und Unterhaltung *Graphic Showbiz*, die Kinder- und Jugendzeitung *Junior Graphic*, das Wirtschaftsblatt *Graphic Business* und als Anzeigenblatt den *Graphic Advertiser*. Die *Graphic Communications Group* wird administrativ vom *Board of Directors* geleitet. Dieses wird wie der Chefredakteur von der NMC ernannt.

Der *Graphic* sieht sich als Spiegel der Gesellschaft und als Stimme der Ghanaer, seine Aufgabe ist laut dem Chefredakteur Ransford Tetteh »promoting the policies of government, promoting the policies of political parties, [...] promoting the policies of the Ghanaian«. Das Ziel der Zeitung bezeichnet er als »to promote national development, national integration and national unity«. Damit zeigt er eindeutig, dass der *Graphic* dem Konzept des Entwicklungsjournalismus folgen soll. Des Weiteren wird Sensationalismus abgelehnt. Die Zeitung soll sich nicht als Gegner der Regierung verstehen und alle Meinungen zu Wort kommen lassen. In der täglichen Arbeit der *reporter* zeigt sich, wie dieses Konzept umgesetzt werden soll. Die Aufgabe der *reporter* ist es über möglichst viele Ereignisse zu berichten um somit alle gesellschaftlichen Bereiche abzudecken. Außerdem nimmt Regierungsberichterstattung einen besonderen Stellenwert ein, da der *Graphic* sich das Ziel setzt die Bedeutung von Regierungsentscheidungen zu unterstreichen. Diese Aussagen denken sich größtenteils mit den Ergebnissen der Inhaltsanalyse, wonach der Regierung in den staatlichen Zeitungen mehr Platz eingeräumt wird und über sie positiver berichtet wird als in den privaten.

Die Zeitung verfügt über die modernste Ausstattung aller Zeitungen im Land. Das *Graphic Building* befindet sich in der South Industrial Area der Hauptstadt und beherbergt die Redaktionen aller Zeitungen, die Verwaltung und die Druckmaschine. Bei der Druckmaschine handelte es sich um eine *Heidelberg*

*N-845A*, die das *Computer-to-Film*-Druckverfahren[38] einsetzt. Eine neue Anlage sollte 2010 in Betrieb genommen werden und das *Computer-to-Plate*-Verfahren einführen. In der Redaktion wurden rund sieben Jahre alte *eMac G4*-Computer von *Apple* benutzt, von denen allerdings für alle *reporter* zu wenige vorhanden waren. Die *page editors* und Designer[39] arbeiteten hingegen an relativ neuen *iMac G5*-Computern. Die Artikel wurden mit dem US-Redaktionssystem *NewsEdit-Pro* über das Redaktionsnetzwerk verwaltet, so dass jeder Redakteur Zugriff auf die Artikel hatte und Änderungen an ihnen nachvollziehen konnte. Für den Transport der Journalisten stand ein Fahrzeug mit Fahrer zur Verfügung, der die *reporter* morgens zu ihren Terminen brachte. Die Rückfahrt mussten sie privat organisieren.

### *Daily Guide*

Der *Daily Guide* entstand aus der Sportzeitschrift *Sports Guide* Anfang der 1990er Jahre, nachdem die Lizenzpflicht aufgehoben wurde. Der *Sports Guide* wurde während der Militärregierung von Rawlings gegründet, als unpolitische Sport-, Unterhaltungs- und Lotteriezeitungen boomten. Somit entwickelte sich der *Daily Guide* ähnlich wie andere private Zeitungen.

Die Zeitung wird von *Western Publications Ltd.* herausgegeben und ist in privater Hand. Die Geschäftsführerin des Unternehmens Gina Blay ist mit dem Gründer der Zeitung Frederick Worsemao Armah Blay verheiratet. Dieser war von 1996 bis 2008 Abgeordneter für die weitestgehend unbedeutende *Convention People's Party* (CPP) und von 2001 bis 2008 stellvertretender Parlamentssprecher. Neben dem *Daily Guide* gibt *Western Publications* vier weitere Zeitungen heraus: die Wirtschaftszeitung *Business Guide*, die Unterhaltungszeitung *News One*, die Zeitung für Kinder und Jugendliche *Young Blazers* und die politische Zeitung *Mail*.

Der Chefredakteur des *Daily Guide*, Fortune G. Alimi, betont, dass die Zeitung nicht nur um der Kritik Willen die Regierung oder Parteien kritisiert, sondern weil er darin die Aufgabe der Zeitung darin sieht: »the other side must also be told«. Deshalb weist er auch entschieden Behauptungen zurück, dass die Zeitung einer Partei nahe steht. Die Zeitung positioniert sich insgesamt spannender und unterhaltsamer als andere Zeitungen. Besonders die Titelseite der Zeitung neigt häufig zu Sensationalismus und boulevardesken Themen. Im Innenteil

38 Beim *Computer-to-Film*-Druckverfahren werden die auf dem Computer gespeicherten Daten auf einen Film gedruckt, der zur Belichtung der Druckplatte verwendet wird. Beim in Europa üblichen *Computer-to-Plate*-Verfahren wird die Druckplatte ohne Zwischenschritt belichtet (vgl. KIPPHAN 2000: 605–607).

39 Die einzelnen Tätigkeitsbezeichnungen werden im folgenden Abschnitt 6.2.3 beschrieben.

wirkt die Zeitung hingegen seriös und unterscheidet sich wenig von anderen ghanaischen Zeitungen. Die Zeitung folge nicht den Regeln des Boulevardjournalismus, meint der Chefredakteur dazu. Die reißerische Titelseite diene in erster Linie der Verkaufsförderung. Das Design des *Daily Guide* wurde von der GJA zum besten Zeitungsdesign des Landes gekürt.

Auch der *Daily Guide* ist modern ausgestattet. Redaktion und Verwaltung befinden sich in einem umgebauten Wohnhaus in der Nima Residential Area in Accra. Die Druckmaschine verwendete ebenfalls das *Computer-to-Film*-Verfahren und stammte von der indischen Firma *HM Web House Private Ltd.* Die Computer in der Redaktion stammten von *Dell* und waren ungefähr fünf Jahre alt. Die meisten Redakteure verwendeten das gleiche Modell. Manche *reporter* benutzten jedoch Notebooks und die Designer hatten neuere Rechner. Die Artikel wurden mit *Microsoft Word* geschrieben und waren über die Netzwerkverwaltung von *Microsoft Windows XP* verfügbar. Beim *Daily Guide* wurde kein Auto für die *reporter* bereitgestellt.

### 6.2.3 Redaktionelle Organisation

Als ehemalige britische Kolonie orientiert sich die Redaktionsorganisation am britischen Redaktionsmodell. Dieses ist besonders durch einen hohen Grad an Arbeitsteilung gekennzeichnet und jeder neue Arbeitsgang wird von einer anderen Person ausgeführt. Aus diesem Grund gibt es auch eine Vielzahl von Berufsbezeichnungen, die in Deutschland weitestgehend unbekannt sind (vgl. Esser 1998: 322). Eine Übersicht der Berufsbezeichnungen findet sich in Abbildung 6.5.

Ebenfalls ähnlich dem britischen Vorbild arbeiten die meisten Journalisten in einem zentralen Großraumbüro, dem so genannten *newsroom*. Dieser Raum ist in bestimmte Bereiche – *desks* – unterteilt. An einem *desk* arbeiten die Redakteure entweder an der gleichen Aufgabe, z. B. Design, oder für ein bestimmtes Ressort. Dabei ist festzustellen, dass beim *Graphic* die Redaktion streng nach Aufgaben strukturiert ist, während sich die Unterteilung beim *Daily Guide* an den Ressorts »Allgemeine Nachrichten«, »Wirtschaft« und »Unterhaltung« orientiert.

#### Nachrichtenfluss

Im Folgenden wird der Arbeitsablauf von der Artikelrecherche bis zum Andruck beschrieben, wobei der Vorgehensweise von Esser (1998) gefolgt wird. Allerdings wird nur auf allgemeine Nachrichtenmeldungen und nicht auf Sonderfälle wie Wirtschaft oder Sport eingegangen.

| Zeitung | Berufsbezeichnung | Aufgaben |
|---|---|---|
| *Graphic/Daily Guide* | *reporter* | Die *reporter* recherchieren Informationen und schreiben Artikel. |
| *Daily Guide* | *online reporter* | Der *online reporter* sammelt alle Artikel der *reporter*, die wichtigsten Nachrichten aus dem Internet und erhält per E-Mail alle Meldungen der GNA. |
| *Graphic/Daily Guide* | *news editor* | Der *news editor* koordiniert als direkter Vorgesetzter die Arbeit der *reporter* und gewährleistet so den steten Nachrichtenfluss. |
| *Graphic* | *chief sub-editor* | Der *chief sub-editor* plant die Seiten und kontrolliert die Artikel auf Fehler. |
| *Daily Guide* | *deputy news editor* | entspricht dem *chief sub-editor* und *night editor*. |
| *Graphic/Daily Guide* | *sub-editor* | Die *sub-editor* unterstützen ihren Vorgesetzten, den *chief sub-editor* bzw. *deputy news editor*, bei der Seitenplanung und Kontrolle. |
| *Graphic/Daily Guide* | Korrektoren *(proofreader)* | Die Korrektoren überprüfen die Artikel auf orthographische, grammatikalische und stilistische Fehler. |
| *Graphic/Daily Guide* | Designer | Die Designer entwerfen die fertigen Seiten am Bildschirm. |
| *Graphic* | *imagesetter* | Der *imagesetter* kontrolliert die entworfenen Seiten und schießt sie aus, d. h. er wandelt die virtuellen Seiten in belichteten Film um. |
| *Graphic* | *production editor* | Der *production editor* koordiniert als direkter Vorgesetzter die Arbeit der Designer und der *imagesetter*. |
| *Graphic* | *night editor* | Der *night editor* ist der Schlussredakteur. Er erhält die fertigen Seiten in gedruckter Form und kontrolliert sie auf Fehler. |
| *Graphic/Daily Guide* | Chefredakteur *(Editor)* | Der Chefredakteur überwacht und koordiniert den redaktionellen Prozess. Er trägt die rechtliche Verantwortung für die Zeitung. |

Abbildung 6.5: Glossar der Berufsbezeichnungen

*Erste Station*
Am Anfang stehen in beiden Zeitungen die *reporter*. Sie recherchieren die Informationen und schreiben die Artikel. Besonders beim *Graphic* besuchen sie häufig Pressekonferenzen von Politikern, Behörden und anderen Organisationen. Die *reporter* beim *Daily Guide* hingegen erhalten oft Anrufe von Quellen, denen sie dann nachgehen. Sie sind deshalb häufiger im *newsroom* anzutreffen. Der *news editor* ist der Vorgesetzte der *reporter*, koordiniert deren Arbeit und sorgt für den steten Nachrichtenfluss. Beim *Daily Guide* schreibt der *news editor* auch selbst Artikel.

*Zweite Station*
Generell werden die Artikel im Redaktionsnetzwerk gespeichert, so dass jeder Zugriff darauf hat. Beim *Graphic* erhält der *news editor* von jedem Artikel einen Ausdruck zur Kontrolle. Der *online reporter* beim *Daily Guide* sammelt alle Meldung der *reporter*, aus dem Internet und von der GNA und stellt eine Liste von Nachrichten auf, allerdings findet keine Kontrolle der Nachrichten statt.

*Dritte Station*
An dieser Stelle wird entschieden, welche Artikel in die Zeitungen gelangen. Beim *Graphic* stellt der *news editor* während der Redaktionskonferenz alle Artikel vor. Danach schlägt der *chief sub-editor* vor, welche Artikel auf welcher Seite als Aufmacher erscheinen sollen. Über seine Vorschläge wird diskutiert und letztendlich abgestimmt. Nachdem die wichtigsten Meldungen der Zeitung festgelegt wurden, entscheidet der *chief sub-editor* in Zusammenarbeit mit den *sub-editors*, welche Artikel in welchem Umfang und mit welcher Überschrift außerdem erscheinen sollen. Des Weiteren erhält er die Bilder aus der Fotoabteilung und kann so die ersten Seitenentwürfe fertigstellen. Neben dieser planerischen Aufgabe kontrollieren der *chief sub-editor* und die *sub-editors* die Artikel auf Fehler.

Der *deputy news editor* hat beim *Daily Guide* die Aufgabe des *chief sub-editor* inne. Er erhält vom *online reporter* eine Liste mit allen Artikeln und ihrem Speicherort. Aus dieser Liste wählt er aus, welche Artikel auf welcher Seite, in welchen Umfang und mit welcher Überschrift gedruckt werden sollen. Nun erstellt er damit die Seitenentwürfe und kontrolliert die ausgewählten Artikel zusammen mit dem *sub-editor* auf Fehler. Für die Titelseite und die ersten beiden Nachrichtenseiten unterbreitet der *deputy news editor* dem Chefredakteur Vorschläge für die Seitenplanung.

*Vierte Station*
Nachdem feststeht, welche Artikel gedruckt werden sollen, werden diese in beiden Zeitungen an die Korrektoren *(proofreader)* weitergereicht. Sie korrigieren die Artikel auf orthographische, grammatikalische und stilistische Fehler.

*Fünfte Station*
Die Designer erhalten die Seitenentwürfe, die Artikel sowie die Fotos und entwerfen am Computer die einzelnen Zeitungsseiten. Dafür wird von beiden Zeitungen das Layoutprogramm *QuarkXpress* verwendet. Beim *Graphic* wird die Titelseite vom *production editor* und *chief sub-editor* entworfen und vom Chefredakteur kontrolliert. Die Titelseite des *Daily Guide* wird vom Chefredakteur und einem Designer erstellt.

Nachdem die Seiten entworfen wurden, werden sie beim *Graphic* vom *chief sub-editor* und beim *Daily Guide* vom *deputy news editor* kontrolliert. Danach wird überprüft, ob die entworfenen Seiten gedruckt werden können. Nun folgt das Ausschießen, d. h. die virtuellen Seiten werden in einen belichteten Film umgewandelt, aus dem die Druckplatte erstellt werden kann. Dafür sind beim *Graphic* die *imagesetter* verantwortlich, während beim *Daily Guide* die Designer diese Aufgabe übernehmen.

*Sechste Station*
Alle Artikel und der belichtete Film werden kontrolliert und müssen, bevor der Druck beginnt, genehmigt werden. Beim *Graphic* ist dafür der *night editor* verantwortlich und beim *Daily Guide* der *deputy news editor* zusammen mit dem Chefredakteur.

Letztendlich muss der Chefredakteur in beiden Zeitungen die Zeitung genehmigen, bevor der Andruck beginnt, da er die rechtliche Verantwortung für alle Artikel trägt. Beim *Graphic* wird dieses Recht häufiger an den *night editor* abgegeben, da dieser gleichzeitig stellvertretender Chefredakteur ist.

Zwar ist bei beiden Zeitungen eine starke Arbeitsteilung ersichtlich, jedoch ist diese beim *Graphic* stärker ausgeprägt als beim *Daily Guide*. Dort übernehmen dieselben Personen mehrere Aufgaben, was auch der geringeren Zahl der Beschäftigten geschuldet ist. Insgesamt kann man beim *Daily Guide* von etwas flacheren Hierarchien sprechen, da die Aufteilung stärker nach Ressorts erfolgt und sich Aufgaben überschneiden. Allerdings ist davon auszugehen, dass beim *Graphic* die Größe der Zeitung und der Zeitungsgruppe für die stärkere Hierarchiesierung verantwortlich ist, wodurch eine stärkere Spezialisierung notwendig ist. Folglich kann festgehalten werden, dass gewisse organisatorische Unterschiede existieren. Allerdings ist nicht davon auszugehen, dass diese für die inhaltlichen Differenzen verantwortlich sind, da beide Redaktionen im Grundsatz stark arbeitsteilig strukturiert sind und nur in Details voneinander abweichen. Somit wird Hypothese 2.2 nicht bestätigt.

## 6.3 Zusammenfassung

Im ersten Unterkapitel wurde die Medienstruktur mit Fokus auf den Pressemarkt behandelt. Dessen zentrales Strukturmerkmal ist die Unterscheidung in staatliche und private Zeitungen, die eine relativ klare politische Linie verfolgen. Dabei sind die staatlichen Zeitungen relativ regierungsfreundlich und die meisten privaten eher NPP-nah eingestellt. Der Grund dafür ist in der Medienlandschaft unter Rawlings zu sehen, in der die NPP als größte Oppositionspartei keinen Platz in den staatlichen Medien fand und ihre Sympathisanten private Medien gründeten. Dieser Gegensatz besteht bis heute fort, was auch durch die Aussagen der Chefredakteure des *Graphic* und *Daily Guide* unterstützt wird. Somit wird Hypothese 2.1, die diesen Zusammenhang postuliert, bestätigt. Des Weiteren untermauern diese Strukturmerkmale die Klassifikation Ghanas als polarisiert-pluralistisches Mediensystem und sind ein weiterer Beleg für Hypothese 2.5.

Das zweite Unterkapitel zeigt hingegen, dass nur geringe Unterschiede zwischen der redaktionellen Organisation des *Graphic* und des *Daily Guide* bestehen, so dass die redaktionelle Organisation kein Erklärungsgrund für die Unterschiede zwischen den Zeitungen ist. Dementsprechend wird Hypothese 2.2 nicht bestätigt.

# 7 Medienakteure

In diesem Kapitel werden die Rollen und das Journalismusverständnis der Medienakteure, der Journalisten, und damit der Rollenkontext des Mediensystems analysiert. Die Analyse erfolgt anhand von Primärdaten. Diese wurden mit einer quantitativen Journalistenbefragung in acht der neun ghanaischen Tageszeitungen erhoben.

Zunächst werden die Untersuchungsmethode, die Stichprobe und der Aufbau des Fragebogens beschrieben. Danach folgt die Analyse der demographischen Struktur der befragten Journalisten und zuletzt die Untersuchung der journalistischen Einstellungen und des Rollenverständnisses. Mit Hilfe dieser Befragung soll Hypothese 2.3 überprüft werden, die davon ausgeht, dass die Einstellungen der Medienakteure für die Unterschiede zwischen den beiden Zeitungstypen verantwortlich sind.

## 7.1 Untersuchungsmethode

Die quantitative Journalistenbefragung erfolgte schriftlich[40] zwischen dem 30. November und 14. Dezember 2009. Es war die erste ihrer Art in Ghana, vermutlich auch in ganz Westafrika.

### 7.1.1 Stichprobe

Da in Ghana kein öffentlich zugängliches Journalistenverzeichnis oder -register existiert, war es nicht möglich die Stichprobe zufällig zu bilden. Die Befragung fand in den Zentralredaktionen der ausgewählten Tageszeitungen statt. Nachdem eine Erlaubnis der Chefredakteure zur Durchführung der Befragung eingeholt wurde, wurden die Fragebögen an anwesende Journalisten verteilt und ein bestimmter Redakteur erhielt weitere Fragebögen um Abwesende später befragen zu können. Die Fragebögen wurden wenige Tage später wieder abgeholt. Somit wurden größtenteils zum Zeitpunkt des Besuches anwesende Journalisten befragt. Des Weiteren wurden nur Journalisten befragt, die für eine ghanaische Tageszeitung mit Hauptsitz in Accra arbeiten. Da sich die Zentralredaktion der

40 Ein Journalist des *Daily Democrat* und der *Daily Dispatch* wurden mit Hilfe eines identischen Online-Fragebogens befragt.

*Daily Post* in Tema befindet, fand dort keine Befragung statt. Diese bewusste Auswahl der Befragten ist praktischen Gründen geschuldet, da eine zufällige Auswahl nur sehr schwer zu realisieren gewesen wäre.

Für die Befragung kamen alle Personen in Frage, die an der Erstellung einer ghanaischen Tageszeitung von der Artikelrecherche bis zum Design der einzelnen Seiten beteiligt sind. Somit gehören auch gestaltende Positionen wie Designer oder *imagesetter* aber auch Korrektoren zur Grundgesamtheit. Es wurde eine sehr weite Definition der Journalisten gewählt, was vor allem den Grund hat, dass sich besonders bei kleinen Zeitungen die Aufgabengebiete überschneiden, so dass ein Designer auch bei der Nachrichtenauswahl tätig werden kann. Dies ist beispielsweise beim *Daily Guide* der Fall, da dort die Auslandsnachrichten von einem Designer ausgewählt werden oder der leitende Korrektor an der Redaktionskonferenz teilnimmt, wodurch er Einfluss auf die Inhalte der Zeitung hat. Insgesamt wurden 67 Journalisten in acht der neun ghanaischen Zeitungen befragt. Da es sich um eine bewusste Auswahl handelt, können die Ergebnisse nicht auf die Grundgesamtheit der 213 Journalisten in ghanaischen Tageszeitungen verallgemeinert werden, auch wenn die Stichprobe aus einem Drittel der Grundgesamtheit besteht. Aus diesem Grund wird im weiteren Verlauf lediglich die Stichprobe analysiert.

### 7.1.2 Aufbau des Fragebogens

Der Fragebogen geht über neun Seiten, lässt sich grob in fünf Teile gliedern und beginnt mit einer kurzen Einleitung, in welcher der Verfasser und der absichtlich offen formulierte Hintergrund der Befragung vorgestellt werden. Außerdem wird erklärt, wie der Fragebogen auszufüllen ist und dass die Ergebnisse vertraulich behandelt werden. Danach folgt über zwei Seiten ein Fragenblock zur Ausbildung und zum Werdegang des Journalisten. Diese einfach gehaltenen Fragen dienen einerseits zum Einstieg, andererseits sollen sie vom Hauptziel der Befragung – dem Rollenverständnis der Journalisten – ablenken. Im nächsten Teil folgen drei Texte. Der erste beschreibt sachlich nüchtern einen fiktiven Vorfall bei einer Nachwahl mit gewalttätigen Ausschreitungen. Auf diesen folgen zwei Artikel: Einer betont die nationale Einheit und der andere die Proteste. Mit diesen beiden Versionen soll der Unterschied zwischen Entwicklungsjournalismus und westlichem Journalismus dargestellt werden. Aus den beiden Artikeln sollten die Befragten den von ihnen präferierten auswählen. Im weiteren Verlauf werden Fragen zur Meinung über die eigene Zeitung, über die Medien im Allgemeinen und die Arbeit als Journalist gestellt. Der Fragebogen schließt mit sozio-demographischen Fragen beispielsweise zum Alter, Gehalt und Wahlverhalten. Verstreut über den

Fragebogen sind immer wieder Pufferfragen um den Fragebogen nicht zu eintönig zu gestalten. Um Reihenfolgeeffekte zu vermeiden, wurde einige Fragen und die beiden fiktiven Artikel zufällig vertauscht.

Da quantitative Befragungen im Allgemeinen und schriftliche im Besonderen in Ghana unüblich sind und unklar war, ob der Umgang mit z. B. fünfstufigen Likert-Skalen[41] bekannt ist, wurden zwei Pretests durchgeführt. So konnte getestet werden, ob das fiktive Ereignis realistisch ist und ob die dazugehörigen Artikel die unterschiedlichen Journalismusvorstellungen adäquat abbilden. Insgesamt wurden zwei Pretests mit ausgewählten Personen in der Redaktion des *Daily Guide* durchgeführt. Ausgehend von diesen Pretests wurde der Fragebogen angepasst, bis er seine finale Form annahm. Ferner wurden im Fragebogen verschiedene Fragemethoden verwendet – von Fragen mit einfachen Antwortmöglickeiten, Fragen mit Mehrfachantworten, offenen Fragen, Blöcken aus Likert-Skalen oder der Auswahl aus den fiktiven Artikeln. Dadurch sollte das Risiko diversifiziert werden, falls eine einzelne Frageform zu hohen Verweigerungsraten führt. Außerdem ist der Fragebogen dadurch weniger monoton und somit ansprechender.

## 7.2 Sozio-demographische Zusammensetzung

In diesem Unterkapitel wird die sozio-demographische Zusammensetzung der Stichprobe analysiert. Dabei handelt es sich um Geschlechterverteilung, Alter, Einkommen, Position, Berufserfahrung, Themengebiet, Ausbildung, politische Sympathien und berufliche Zufriedenheit.

### Verteilung nach Zeitung und Geschlecht

Abbildung 7.1 zeigt, wie sich die 67 Befragten auf die einzelnen Zeitungen verteilen. Sie arbeiten mehrheitlich bei privaten Zeitungen. Dies bildet auch die Situation in der Grundgesamtheit ab, dort liegt das Verhältnis zwischen Journalisten bei staatlichen und privaten Zeitungen bei 38 zu 62 Prozent.

Zu den Befragten zählen größtenteils Männer, Frauen sind in der klaren Minderheit. Allerdings unterscheidet sich diese Situation in den staatlichen und privaten Zeitungen kaum, wie Abbildung 7.2 zeigt.

---

41 Bei größeren Blöcken aus Likert-Skalen beträgt die Verweigerungsrate rund ein Fünftel, während sie bei einfachen Skalen bei einem Zehntel liegt. Dies lässt zwei Erklärungen zu: Entweder sehen diese Blöcke langweilig aus und werden deshalb nicht ausgefüllt oder das Konzept wurde von einigen Befragten nicht verstanden.

| | Anteil (%) | Häufigkeit |
|---|---|---|
| *Ghanaian Times* | 21 | 14 |
| *Daily Graphic* | 19 | 13 |
| *Daily Guide* | 19 | 13 |
| *Daily Searchlight* | 13 | 9 |
| *Daily Dispatch* | 10 | 7 |
| *Chronicle* | 9 | 6 |
| *New Crusading Guide* | 6 | 4 |
| *Daily Democrat* | 2 | 1 |
| staatlich | 40 | 27 |
| privat | 60 | 40 |
| gesamt | 100 | 67 |

Abbildung 7.1: Verteilung der Befragten nach Zeitung

| | staatlich (%) | privat (%) | gesamt (%) |
|---|---|---|---|
| weiblich | 22 | 32 | 28 |
| männlich | 78 | 68 | 72 |

N = 65.

Abbildung 7.2: Geschlechterverteilung

### Altersverteilung, Berufserfahrung und Ausbildung

Die Altersverteilung der Befragten unterscheidet sich signifikant zwischen den staatlichen und privaten Zeitungen. Während das durchschnittliche Alter[42] bei den staatlichen Medien 41 Jahre beträgt, ist es bei den privaten 29 Jahre. Abbildung 7.3 zeigt die konkrete Verteilung.

| | staatlich | privat | gesamt |
|---|---|---|---|
| 18–25 Jahre | 7 % | 33 % | 22 % |
| 26–35 Jahre | 26 % | 53 % | 41 % |
| 36–45 Jahre | 26 % | 8 % | 16 % |
| 46–55 Jahre | 37 % | 6 % | 19 % |
| 56–60 Jahre | 4 % | 0 % | 2 % |
| über 60 Jahre | 0 % | 0 % | 0 % |
| Mittelwert | 41 Jahre | 29 Jahre | 34 Jahre |
| Standardabweichung | 10 Jahre | 8 Jahre | 10 Jahre |

N = 63.

Abbildung 7.3: Altersverteilung

Die Befragten der privaten Zeitungen sind überwiegend unter 35 Jahren alt, bei den staatlichen Zeitungen streut sich die Verteilung stärker und konzentriert sich auf den Bereich zwischen 26 und 55 Jahren. Der Zusammenhang zwischen dem Alter und dem Zeitungstyp ist dementsprechend auf einem mittleren Niveau statistisch signifikant[43].

Aus der Altersverteilung resultieren auch die signifikanten Unterschiede in der journalistischen Erfahrung zwischen den beiden Zeitungstypen. Während die Befragten bei den staatlichen Zeitungen im Schnitt 14 Jahre als Journalisten und davon zehn Jahre bei der jeweiligen Zeitung gearbeitet haben, beträgt die durchschnittliche Berufserfahrung bei den privaten Zeitungen vier Jahre und drei Jahre bei der aktuellen Zeitung. Dabei ist anzumerken, dass sich sowohl bei staatlichen als auch bei den privaten Zeitungen das Verhältnis zwischen der Arbeitszeit bei der aktuellen Zeitung und der gesamten Berufserfahrung nicht signifikant von-

42 Um Berechnungen durchzuführen, die ein metrisches Skalenniveau erfordern, wurde das arithmetische Mittel der Altersklassen verwendet.

43 Cramérs V: 0,56; Signifikanzniveau: 0,99.

einander unterscheidet. Im Schnitt wurden drei Viertel der gesamten Berufserfahrung beim jetzigen Arbeitgeber erworben.

Außerdem zeigt sich, dass alle Befragten studiert haben, die meisten Journalismus oder Kommunikationswissenschaften. Die Korrektoren haben hauptsächlich Englisch, Designer gestalterische bzw. künstlerische Fächer studiert. Dadurch kann auch erklärt werden, dass 40 Prozent der Befragten am *Ghana Institute of Journalism* (GIJ) studierten. Die übrigen Befragten studierten an verschiedenen anderen Universitäten, insbesondere der Universität von Ghana in Legon. Bei den Studienfächern liegen keine relevanten Unterschiede zwischen staatlichen und privaten Zeitungen vor. Allerdings ist der Anteil der Befragten, die am GIJ oder an der Universität von Ghana studiert haben, bei den staatlichen Zeitungen mehr als doppelt so hoch wie bei den privaten. Dort wurden zwei Drittel der Journalisten an verschiedenen kleineren Universitäten, Hochschulen und Instituten ausgebildet. Dieser Zusammenhang ist auf mittlerem Niveau statistisch signifikant[44]. Somit wird ersichtlich, dass Studenten von den beiden für Journalismus und Kommunikationswissenschaften renommierten Ausbildungsstätten GIJ und der Universität von Ghana eher von den staatlichen Zeitungen eingestellt werden. Auch zeigt sich, dass der Zugang zum Beruf ein Studium voraussetzt.

### Position und Themenbereich

Sowohl bei den staatlichen als auch den privaten Zeitungen arbeitet die Mehrheit der Befragten als *reporter*. Abbildung 7.4 zeigt, in welchen Positionen die Befragten arbeiten. Die Verteilung zwischen den beiden Zeitungstypen unterscheidet sich nicht signifikant.

Abbildung 7.5 zeigt die Verteilung der Journalisten nach Themenfeldern. Bei den staatlichen Zeitungen ist der Anteil der Befragten, der in den Bereichen Bildung, Umwelt und Gesundheit arbeitet, wesentlich größer als bei den privaten. Der entgegengesetzte Fall liegt bei den Themenfeldern Politik, Unterhaltung und Kultur vor. Damit sind die Bereiche personell stärker besetzt, auf denen auch entsprechend der Ergebnisse der Inhaltsanalyse bei der Berichterstattung ein Fokus liegt. Da es sich aber um eine bewusste Auswahl der Stichprobe handelt, kann dieser Zusammenhang auch in der Auswahl der Befragten begründet sein.

44 Cramérs V: 0,38; Signifikanzniveau: 0,99. Fünf Befragte gaben zwei Ausbilungsstätten an. Bei der Berechnung des Korrelationskoeffizienten wurden diese nicht berücksichtigt.

| | staatlich (%) | privat (%) | gesamt (%) |
|---|---|---|---|
| *reporter* | 41 | 50 | 46 |
| Korrektor | 19 | 10 | 13 |
| *Editor/Editor-in-chief/Managing Editor* | 15 | 8 | 10 |
| Designer | 11 | 10 | 10 |
| *editor/news editor* | 7 | 10 | 9 |
| *sub-editor/chief sub-editor* | 7 | 5 | 6 |
| Kolumnist | 4 | 8 | 6 |
| *revise sub-editor/night desk* | 4 | 0 | 2 |
| *image setter* | 4 | 0 | 2 |

N = 67. Mehrfachantworten waren möglich, weswegen die Gesamtsumme 104 Prozent beträgt.

Abbildung 7.4: Position der Befragten

**Einkommen und Zufriedenheit**

Zwischen den staatlichen und privaten Zeitungen besteht ein hoher signifikanter Unterschied im Einkommensniveau. Die Befragten der staatlichen Zeitungen verdienen im Schnitt mehr als doppelt so viel. Die Unterschiede ziehen sich durch alle Positionen und sind in Abbildung 7.6 dargestellt.

Eine lineare Regressionsanalyse zeigt, dass die Höhe des Einkommens in erster Linie vom Zeitungstyp, dem Alter und der Position abhängt. Das Geschlecht spielt keine signifikante Rolle[45].

Des Weiteren unterscheidet sich die Zufriedenheit mit dem Beruf Journalist zwischen den beiden Zeitungstypen deutlich. Tendenziell sind Journalisten bei den staatlichen Zeitungen mit ihrem Beruf zufriedener. Keiner der Befragten bei diesen Zeitungen gab an, unzufrieden zu sein und 44 Prozent sind sehr zufrieden. Bei den privaten Zeitungen hingegen sind knapp ein Fünftel mit ihrer Stelle unzufrieden, während mehr als ein Drittel weder unzufrieden noch zufrieden ist. Eine logistische Regressionsanalyse zeigt, dass neben der Eigentümerschaft auch das Einkommen ein entscheidender Faktor für die Zufriedenheit ist. Für ande-

45 korrigiertes $R^2$: 0,51. Die Variable »Position« wurde entsprechend binär in »*editor*« und »andere« umgewandelt.

| | staatlich (%) | privat (%) | gesamt (%) |
|---|---|---|---|
| Politik | 31 | 53 | 44 |
| Regional-/Lokalnachrichten | 23 | 26 | 25 |
| Wirtschaft/Unternehmen | 12 | 34 | 25 |
| Sport | 15 | 21 | 19 |
| Umwelt | 27 | 11 | 17 |
| Bildung | 23 | 11 | 16 |
| Frauen | 12 | 13 | 13 |
| Gesundheit | 23 | 11 | 13 |
| Kinder | 12 | 13 | 13 |
| Unterhaltung/Kultur | 8 | 16 | 13 |
| Auslandsnachrichten | 15 | 3 | 8 |
| Wissenschaft und Technik | 4 | 8 | 6 |
| Religion | 4 | 3 | 3 |
| *Chieftaincy* | 0 | 3 | 2 |
| andere | 15 | 5 | 9 |

N = 64. Mehrfachantworten waren möglich, weswegen die Gesamtsumme 226 Prozent beträgt.

Abbildung 7.5: Themen- und Arbeitsfelder der Befragten

| | staatlich (€) | privat (€) | gesamt (€) |
|---|---|---|---|
| *reporter* | 211 | 167 | 179 |
| *editor* | 844 | 270 | 525 |
| Designer | 563 | 169 | 327 |
| Korrektor | 535 | 169 | 430 |
| gesamt | 497 | 187 | 306 |
| Standardabweichung | 357 | 187 | 303 |

N = 44.

Abbildung 7.6: Durchschnittliches monatliches Einkommen der Befragten nach Position

re Einflussgrößen wie Geschlecht und Position liegt kein statistisch signifikanter Zusammenhang vor[46].

## Politische Einstellungen

Da in Ghana die in Europa weit verbreitete Links-Rechts-Skala zur Messung der politischen Einstellung weitestgehend unbekannt ist, wurde in der Umfrage eine fünfstufige Likert-Skala verwendet, an deren Ende die beiden wichtigsten Parteien NDC und NPP stehen. Diese Fragestellung führte auch zu einer um 20 Prozentpunkte geringeren Verweigerungsquote als die Frage nach der Partei, für die bei der vergangenen Parlamentswahl gestimmt wurde.

Generell sind die Sympathien zur NPP bei den privaten Zeitungen stärker ausgeprägt und die Mehrheit steht der NPP nahe, während bei den staatlichen Zeitungen eine Tendenz zur neutralen Mitte vorliegt. Die NDC-Sympathisanten sind in beiden Zeitungstypen in der Minderheit. Die Frage nach der Stimmabgabe bestätigt dieses Bild. Allerdings ist festzustellen, dass keine der beiden Frageformen zu einem signifikanten Zusammenhang zwischen der Parteienpräferenz und dem Zeitungstyp führt. Abbildung 7.7 zeigt die Ergebnisse beider Fragen in der Übersicht. Dabei sind vor allem bei den staatlichen Zeitungen die Nichtwähler bzw. die Befragten, die für andere Parteien oder ungültig gestimmt haben, auffällig. Allerdings darf der Anteil von 25 Prozent nicht überbewertet werden, da es sich dabei um lediglich drei Personen handelt.

| | staatlich (%) | privat (%) | gesamt (%) |
|---|---|---|---|
| NDC-Sympathisant | 20 | 18 | 19 |
| NPP-Sympathisant | 25 | 52 | 42 |
| neutral | 55 | 30 | 40 |
| Stimme für NDC | 25 | 22 | 23 |
| Stimme für NPP | 42 | 63 | 56 |
| Stimme für CPP | 8 | 11 | 10 |
| andere/ungültig/Nichtwahl | 25 | 4 | 10 |

Sympathien: N = 53, Stimmabgabe: N = 39.

Abbildung 7.7: Politische Einstellung der Befragten

46 McFaddens Pseudo-$R^2$: 0,14.

## 7.3 Meinungen und Einstellungen der Medienakteure

In diesem Unterkapitel werden die Einstellungen der befragten Journalisten analysiert. Dabei beginnt die Untersuchung mit den Meinungen zur eigenen Zeitung, wodurch sich Zeitungsprofile aus Sicht der Medienakteure ergeben. Danach werden die Positionen zu den Medien im Allgemeinen und der eigenen journalistischen Arbeit analysiert.

### 7.3.1 Politische Tendenz der Zeitungen

In diesem Abschnitt werden aus den Meinungen der jeweiligen Journalisten über ihre eigene Zeitung Profile der staatlichen und privaten Zeitungen allgemein sowie der einzelnen Zeitungen abgeleitet. Dazu gaben die Befragten an, welcher der beiden Parteien NDC oder NPP ihre Zeitung näher stehen würde. Abbildung 7.8 zeigt die Übersicht.

| Frage: Wo liegt die Sympathie Ihrer Zeitung auf einer politischen Skala? | | | | |
|---|---|---|---|---|
| | NDC-nah (%) | neutral (%) | NPP-nah (%) | N |
| *Daily Graphic* | 20 | 80 | 0 | 10 |
| *Ghanaian Times* | 46 | 46 | 9 | 11 |
| *Chronicle* | 0 | 75 | 25 | 4 |
| *Daily Guide* | 0 | 25 | 75 | 12 |
| *Daily Democrat* | 100 | 0 | 0 | 1 |
| *Daily Dispatch* | 0 | 100 | 0 | 7 |
| *New Crusading Guide* | 33 | 0 | 67 | 3 |
| *Daily Searchlight* | 25 | 0 | 75 | 8 |
| staatlich | 33 | 62 | 5 | 21 |
| privat | 11 | 37 | 51 | 35 |
| gesamt | 20 | 46 | 34 | 56 |

Abbildung 7.8: Politisches Profil der Zeitungen und Zeitungstypen

Es wird deutlich, dass aus Sicht der dort beschäftigten Journalisten bei den meisten Zeitungen eine relativ eindeutige politische Einstellung existiert. Allerdings ist die Zahl der Befragten pro Zeitung relativ gering. Insgesamt zeigt sich aber, dass die staatlichen Zeitungen als neutral bis NDC-nah eingestuft werden, während die privaten mehrheitlich als der NPP nahe stehend angesehen werden. Diese Zusammenhänge sind auf einem hohen bzw. mittleren Niveau signifikant[47].

Die hier beschriebenen politischen Einstellungen der jeweiligen Zeitungen und Zeitungstypen stimmen auch mit den Einschätzung von verschiedenen Experten wie dem Forschungskoordinator der NMC überein. Ferner werden sie auch durch die mehrfache Durchsicht aller Zeitungen durch den Verfasser und durch die Inhaltsanalyse dieser Studie bestätigt. Folglich ist der *Graphic* tendenziell neutral, während die *Times* dem NDC und damit der aktuellen Regierung näher steht. Bei den privaten sind der *Daily Guide, New Crusading Guide* und das *Daily Searchlight* der NPP nahestehend, während der *Democrat* eher auf Seiten des NDC steht. Die übrigen Zeitungen *Dispatch* und *Chronicle* gelten als neutral, beim *Chronicle* mit leichter Tendenz zur NPP. Dies ist ein weiterer Beleg für Hypothese 1.2, die von einer klaren Präferenz der staatlichen Zeitungen für die Regierung und der privaten mehrheitlich für die NPP ausgeht.

Außerdem ist festzustellen, dass ein mittlerer Zusammenhang[48] zwischen der politischen Sympathie der Befragten und ihrer Einschätzung der politischen Einstellung der Zeitungen vorliegt. Dies lässt vermuten, dass die Befragten eher bei einer Zeitung arbeiten, deren politische Einstellung ihren eigenen Überzeugungen entspricht. Das ist ein Indiz dafür, dass die politischen Unterschiede zwischen den Zeitungstypen durch die politischen Einstellungen der Journalisten verstärkt werden. Allerdings besteht keine Verbindung zwischen der Zufriedenheit der Befragten und dieser Art der politischen Übereinstimmung.

Die Befragten der staatlichen Zeitungen schätzen ihre jeweilige Zeitung als weniger kritisch ein als ihre Kollegen bei den privaten Zeitungen. Jedoch ist dieser Zusammenhang relativ schwach ausgeprägt und auch nicht statistisch signifikant. Vier Fünftel der befragten Journalisten gehen ferner davon aus, dass ihre Leserschaft gebildet ist. Dies zeigt ihr Bewusstsein für die Rolle der Zeitung als Medium der urbanen Bildungselite[49].

### 7.3.2 Journalismusverständnis der Befragten

In diesem Abschnitt soll untersucht werden, ob die Befragten dem Entwicklungsjournalismus oder dem westlichen Journalismusverständnis näher stehen, insbesondere, ob dabei ein Unterschied zwischen Journalisten in staatlichen und privaten Zeitungen existiert.

---

**47** Korrelation bei einzelner Zeitung: Cramérs V: 0,64; Signifikanzniveau: 0,99; bei Zeitungstyp: Cramérs V: 0,49; Signifikanzniveau: 0,99.

**48** Cramérs V: 0,33; Signifikanzniveau: 0,97.

**49** Daneben halten viele der Befragten ihre Zeitung für die wichtigste des Landes (Cramérs V: 0,63; Signifikanzniveau: 0,99.)

### Operationalisierung durch Auswahl zwischen zwei Artikeln

Zur Analyse des Journalismusverständnisses wurde ein fiktiver Vorfall konstruiert, der einem tatsächlichen Ereignis relativ nahe kommt. Dieser Vorfall wurde mit allen Fakten den Befragten als Text präsentiert, worauf zwei Artikel folgten, die bestimmte Fakten betonen. Von ihnen sollten die Befragten den Artikel auswählen, den sie drucken würden.

Bei dem fiktiven Ereignis handelt es sich um eine Nachwahl im realen Wahlbezirk Agona East in der Central Region. Der NDC-Kandidat gewinnt die Wahl mit 34 Stimmen Vorsprung vor dem NPP-Kandidaten, so dass der NDC einen Sitz im Parlament gewinnt und in Zukunft die absolute Mehrheit hinter sich hat. Die Wahlkommission erklärt, dass die Wahlen frei und fair abgelaufen seien. Der NPP-Kandidat hingegen reklamiert das Resultat, da seine Anhänger gesehen hätten, wie Wahlurnen verschwanden. Er erkennt das Resultat nicht an und will gerichtlich dagegen vorgehen. Bei Zusammenstößen zwischen NDC- und NPP-Anhängern kommen drei Menschen ums Leben, 17 werden verletzt. Der ghanaische Präsident ruft zu Ruhe und nationaler Einheit auf. Es sei Zeit, die Unterschiede hinter sich zu lassen um die Entwicklung Ghanas zu unterstützten.

Einer der beiden folgenden Artikel stellt den Entwicklungsjournalismus dar, indem er die Rede des Präsidenten mit dem Appell an die nationale Einheit und die Aussagen der Wahlkommission betont. Die gewalttätigen Ausschreitungen kommen nur am Rande vor. Mit dem anderen Artikel wird der westliche Journalismus betont, da der Fokus auf den Ausschreitungen und den Aussagen des unterlegenen NPP-Kandidaten liegt. Beide Artikel wurden im Pretest mehrfach getestet und die daran teilnehmenden Journalisten gaben an, dass diese Tendenz sichtbar sei.

Abbildung 7.9 zeigt, welchen Artikel die Befragten ausgewählt haben.

| | staatlich (%) | privat (%) | gesamt (%) |
|---|---|---|---|
| Artikel 1 (Entwicklung) | 48 | 36 | 41 |
| Artikel 2 (westlich) | 52 | 64 | 59 |

N = 66.

Abbildung 7.9: Auswahl der Befragten zwischen zwei das Journalismusverständnis operationalisierenden Artikeln

Die Mehrheit in beiden Zeitungen tendiert zum Artikel im westlichen Stil. Die Journalisten der privaten Zeitungen neigen zwar stärker zu diesem Artikel, aber der Unterschied ist weder groß noch statistisch signifikant. Die Unterschiede können mittels einer logistischen Regression teilweise durch das Alter und die Berufserfahrung erklärt werden, wobei der Zusammenhang jedoch gering ist. Die Befragten, die sich für den zweiten Artikel entschieden, gaben im Vergleich zu den Befürwortern des ersten Artikels an, dass der zweite Artikel gefährlicher[50], konfliktreicher, interessanter und eher in Übereinstimmung mit der eigenen Zeitung sei.

Damit zeigt sich, dass der zweite Artikel entsprechend der Antworten der Befragten zwar näher beim westlichen Journalismusstil liegt, aber die Entscheidung für einen der beiden Artikel nicht von Zeitungstyp abhängt, sondern wahrscheinlich vom persönlichen Geschmack. Somit kann die Frage, zu welchem Journalismusverständnis die Journalisten in den staatlichen oder privaten Zeitungen neigen, und damit Hypothese 2.3 mit dieser Form der Operationalisierung nicht bestätigt werden.

### Operationalisierung durch geschlossene Fragen

Die Journalisten wurden mit verschiedenen Aussagen zur Rolle der Medien und der Arbeitsweise von Journalisten konfrontiert, die zum Teil von KÖCHER (1985) entlehnt wurden. Zu diesen Aussagen konnten die Journalisten auf einer fünfstufigen Likert-Skala Stellung beziehen. Die Befragten schätzen bei den staatlichen und privaten Zeitungen die Aussagen nur geringfügig unterschiedlich voneinander ein. So stimmen beispielsweise knapp zwei Drittel der Befragten in beiden Zeitungstypen der Aussage zu, dass die Medien ein neutraler und objektiver Spiegel der Gesellschaft seien, was für den westliche Journalismus spricht. Ein ähnliches Bild zeigte sich bei der Frage, ob die Medien der Regierung helfen müssten, das Land nach vorne zu bringen. Eine Aussage die zum Konzept des Entwicklungsjournalismus passt. Dabei ist auffällig, dass Befragte verschiedene Aussagen zu beiden Formen von Journalismusverständnis[51] ähnlich bewerten. Dieser mittelstarke Zusammenhang ist statistisch signifikant[52]. Somit wird deutlich, dass für die Journalisten unabhängig von ihrer Zeitung kein Widerspruch zwischen den beiden Formen von Journalismus besteht, sie für viele Befragte sogar pro-

50 Nur diese Antwort weist einen signifikanten Zusammenhang (Cramérs V: 0,46; Signifikanzniveau: 0,99) auf, bei den anderen Antworten ist eine klare wenn auch nicht signifikante Tendenz zu erkennen.

51 Aussagen zum westlichen Journalismusverständnis: Medien als neutraler Spiegel der Gesellschaft, als Anwalt in sozialen Angelegenheiten, Medien sollen Missstände aufdecken; Entwicklungsjournalismus: Medien sollen der Regierung helfen das Land nach vorne zu bringen.

52 Pearson's r: 0,54; Signifikanzniveau: 0,99. Es wurde ein Index für den westlichen Journalismus gebildet und dessen Korrelation mit der Aussage zum Entwicklungsjournalismus berechnet.

blemlos zusammenpassen. Allerdings ist festzustellen, dass Befragte, die den Entwicklungsjournalismus bevorzugen, auch eher Zensur befürworten[53]. Die klare Mehrheit der Befragten lehnt jedoch Zensur ab.

Abbildung 7.10 zeigt den Zusammenhang zwischen Aussagen zu den Rollen der Medien und den journalistischen Arbeitsweisen sowie verschiedenen unabhängigen Variablen. Dabei wurden nur diejenigen Aussagen ausgewählt, bei denen ein signifikanter Zusammenhang festgestellt werden konnte.

Insgesamt fällt auf, dass die in der linearen Regressionanalyse durch die unabhängigen Variablen erklärte Varianz bei allen Aussagen gering bis sehr gering ist. Deutlich wird aber auch, dass die ersten drei Aussagen, die sich zum westlichen Journalismusverständnis rechnen lassen, von der Berufserfahrung abhängig sind: Erfahrenere Journalisten neigen zum westlichen Journalismusverständnis. Dabei befürworten besonders Journalisten der privaten Zeitungen, dass die Medien Missstände aufdecken und kritisieren sollen. Hingegen sind Anhänger des NDC eher der Meinung, dass es angemessen sei im Sinne der Regierung zu schreiben. Außerdem gehen in der redaktionellen Hierarchie höher stehende Befragte davon aus, dass die Regierung einen starken Einfluss auf die Medien hat.

Die Frage, welche Arbeitsweisen ein Journalist verwenden darf, ist relativ umstritten. So befürworten die Journalisten einerseits mehrheitlich, dass der Journalist auch seine Identität verschleiern darf und dass das Informationsrecht der Bevölkerung wichtiger ist als der Schutz der Privatsphäre. Genauso wird die Verletzung des Informatenschutzes, die Vermischung von Meinungen und Fakten sowie das Zurückhalten von der eigenen Meinung entgegenstehenden Berichten abgelehnt. Besonders die Frage, ob es legitim ist für Informationen zu zahlen oder diese illegal zu erwerben, ist strittig. Dabei lehnen vor allem Journalisten der staatlichen Zeitungen den illegalen Erwerb ab, während die der privaten ihn befürworten.

Außerdem wurden die Journalisten gefragt, welche Aspekte ihres Berufs sie besonders schätzen. Auch hier traten kaum Unterschiede zwischen den staatlichen und privaten Zeitungen auf. Abbildung 7.11 zeigt die Antworten. Auffällig ist auch hier, dass kaum Unterschiede zwischen den Befragten bei staatlichen und privaten Medien existieren. Jedoch wird deutlich, dass zuerst persönliche Gründe und danach politische Gründe genannt werden, auch wenn der Abstand nicht sehr groß ist. Letztendlich zeigt sich aber, dass sich die Unterschiede in den journalistischen Einstellungen zwischen den beiden Zeitungsarten kaum unterscheiden.

53 Pearson's r: 0,29; Signifikanzniveau: 0,97.

| | Zeitungstyp[a] | Alter | Geschlecht[b] | Position[c] | Berufserfahrung | Ausbildung[d] | Partei[e] | $R^2$ | N |
|---|---|---|---|---|---|---|---|---|---|
| Die Medien müssen als Anwalt für soziale Angelegenheiten auftreten. | 0,32 | –0,31 | –0,11 | 0,23 | 0,48* | 0,01 | –0,20 | 0,13 | 39 |
| Die Medien sind die vierte Staatsgewalt. | 0,17 | –0,40 | 0,10 | 0,15 | 0,50* | –0,20 | –0,06 | 0,02 | 38 |
| Die Medien müssen Missstände enthüllen und kritisieren. | 0,42* | –0,38 | 0,10 | 0,18 | 0,46* | –0,20 | 0,00 | 0,14 | 38 |
| Die Regierung hat einen starken Einfluss auf die Medien. | –0,10 | –0,57 | 0,06 | 0,45* | 0,35 | –0,25 | –0,07 | 0,02 | 39 |
| Es ist wichtiger die Öffentlichkeit zu informieren als die persönlicher Integrität und Privatsphäre eines Individuums zu schützen. | 0,06 | –0,53* | 0,58** | –0,06 | 0,24 | –0,47** | –0,24 | 0,24 | 41 |
| Es ist angemessen im Sinne der Regierung zu schreiben, da sie demokratisch gewählt wurde. | 0,08 | 0,02 | 0,02 | –0,09 | –0,22 | 0,09 | 0,45* | –0,01 | 38 |

*: Signifikanzniveau: 0,95; **: 0,99.

**a** positiver Wert: Zusammenhang mit privaten Zeitungen; negativ: staatliche Zeitungen.

**b** positiver Wert: Zusammenhang mit männlichem Geschlecht; negativ: weiblich.

**c** positiver Wert: Zusammenhang mit *editor*; negativ: *reporter*, Designer, Korrektor.

**d** negativer Wert: Zusammenhang mit Studium an GIJ/Universität von Ghana; negativ: andere Ausbildungsstätte.

**e** positiver Wert: Zusammenhang mit NDC-Anhängerschaft; negativ: NPP-Anhängerschaft.

Abbildung 7.10: Zusammenhang zwischen den Einstellungen zur Rolle der Medien und journalistischen Arbeitsweisen sowie verschiedenen unabhängigen Variablen

| | staatlich (%) | privat (%) | gesamt (%) |
|---|---|---|---|
| Unter den ersten zu sein, die wissen, was los ist. | 58 | 55 | 57 |
| Die Möglichkeit sich selbst auszudrücken. | 33 | 47 | 42 |
| Die Möglichkeit politische Entscheidungen zu beeinflussen. | 38 | 45 | 42 |
| Die Möglichkeit Missstände aufzudecken und zu kritisieren. | 42 | 34 | 37 |
| Eine sichere und gut-bezahlte Beschäftigung zu haben. | 29 | 21 | 24 |
| Die Möglichkeit seine Interessen weiterzuverfolgen. | 17 | 21 | 19 |
| Unter Zeitdruck arbeiten zu müssen. | 17 | 8 | 11 |
| Dass es so wenig Routine gibt. | 4 | 5 | 5 |
| andere | 4 | 8 | 7 |

N = 62. Mehrfachantworten waren möglich, weswegen die Gesamtsumme 244 Prozent beträgt.

Abbildung 7.11: Präferierte Aspekte am Beruf Journalist

Auch bei der Frage nach den wichtigsten Merkmalen einer Zeitung ähneln sich die Ergebnisse, allerdings gibt es einige auffällige Unterschiede: Für die Befragten ist das wichtigste Merkmal einer Zeitung, dass sie informativ ist. Allerdings bezeichnet fast ein Drittel der Journalisten in den staatlichen Zeitungen Unterhaltsamkeit als eins der wichtigsten Merkmale einer Zeitung. Bei den privaten Zeitung ist es nur ein Fünftel. Auch die Aussage, dass die Medien in erster Linie unterhalten müssten, befürworten deutlich mehr Befragte bei den staatlichen als bei den privaten Zeitungen[54]. Dies steht im Gegensatz zu den Ergebnissen der Inhaltsanalyse, denn dort wurde deutlich, dass die privaten Zeitungen einen Fokus auf Unterhaltung haben. Möglicherweise deuten die Ergebnisse der Befragung auch daraufhin, dass die Befragten der staatlichen Zeitungen mehr Unterhaltung in ihren Zeitungen wünschen.

Eine weitere Frage ging den wichtigsten Informationsquellen der Journalisten nach. Hier fallen einige Unterschiede ins Auge. Zum einen hat die GNA eine besondere Bedeutung in den staatlichen Zeitungen. Dort ist sie neben dem Internet die wichtigste Informationsquelle, während sie bei den privaten einen wesentlich

54 Cramérs V: 0,46; Signifikanzniveau: 0,98.

geringeren Stellenwert hat. Auch die Reden von Politikern und von Experten sind bei den staatlichen Zeitungen zentrale Quellen. Bei den privaten Zeitungen setzen die Journalisten hingegen auf Experten und *Whistleblower*. Anonyme Anrufe haben ebenfalls eine größere Bedeutung. Diese Informationsquellen decken sich mit der Aussage des Chefredakteurs des *Daily Guide*, dass seine Zeitung als eine der wichtigsten privaten Zeitungen die andere Seite zeigen wolle. Außerdem stehen sie mit den Ergebnissen der Inhaltsanalyse im Einklang, die zeigen, dass die privaten Zeitungen stärker auf politische Themen und Kriminalität setzen. Während die staatlichen Zeitungen eher darauf spezialisiert sind die Meldungen und Erklärungen der wichtigsten gesellschaftlichen Gruppen zu veröffentlichen, wird deutlich, dass die privaten Zeitungen stark auf Enthüllungsjournalismus setzen. Besonders der *New Crusading Guide* mit seinem über die Grenzen Ghanas bekannten Journalisten Anas Aremeyaw Anas betreibt investigativen Journalismus und deckte mehrere Korruptions- und Betrugsskandale[55] auf (vgl. SCHMIDLE 2010).

## 7.4 Zusammenfassung

Dieses Kapitel befasste sich mit den Journalisten als Medienakteuren. Die quantitative Befragung konnte zum einen die Ergebnisse der Inhaltsanalyse bestätigen. So arbeiten mehr Journalisten in den Themenfeldern, die auch inhaltlich eine größere Rolle spielen und die politischen Profile der Inhaltsanalyse wurden durch die Einschätzungen der Journalisten bestätigt, was Hypothese 1.1 und 1.2 unterstützt. Außerdem wird ersichtlich, dass die Journalisten in denjenigen Zeitungen arbeiten, die eher mit ihrer eigenen politischen Überzeugung übereinstimmen. Dadurch manifestieren sich die politischen Unterschiede zwischen den Zeitungen. Dies entspricht Hypothese 2.3, die davon ausgeht, dass die Ursache für die Unterschiede in den Einstellungen der Journalisten begründet liegt. Zumindest bei den politischen Tendenzen der Zeitungen kann dies bestätigt werden.

Das Journalismusverständnis der Befragten in den staatlichen und privaten Zeitungen unterscheidet sich kaum voneinander, was sich durch die beiden gewählten Arten der Operationalisierung – Auswahl zwischen zwei Artikeln und geschlossene Fragen – zeigt. Es ist festzustellen, dass für die Journalisten in Ghana der Entwicklungsjournalismus und das westliche Journalismusverständnis prinzipiell nicht im Widerspruch zueinander stehen. Auch bei Berufsethik und Arbeitsmethoden zeigen sich kaum Unterschiede. Allerdings wird deutlich, dass bei

55 Dazu zählen insbesondere die Enthüllung weitläufiger Korruption am Tiefseehafen Tema und organisierter Kriminalität wie Betrug mit gefälschten Goldbarren (vgl. ANAS 2011a; ANAS 2011b).

den Journalisten der privaten Zeitungen eine Neigung zum investigativen Journalismus besteht, was beispielsweise durch die Quellen der Journalisten klar wird. Nichtsdestoweniger kann Hypothese 2.3 bezogen auf die journalistischen Überzeugungen nicht bestätigt werden. Insgesamt kann Hypothese 2.3 somit nur teilweise bestätigt werden.

# 8 Fazit

Ghana ist ein demokratisches Vorbild für Westafrika und das gesamte subsaharische Afrika. Seit 1992 finden freie und faire Wahlen statt, die bereits zweimal, 2000 und 2008, zu demokratischen Regierungswechseln führten. Die Medienfreiheit weist nach einer Untersuchung von *Reporter ohne Grenzen* nach Namibia den höchsten Grad in ganz Afrika auf und platziert das Land vor Frankreich, Spanien und Italien. Diese Ergebnisse unterstreichen die besondere Rolle Ghanas in Afrika.

Wie in den meisten subsaharischen Ländern ist das Radio in Ghana das wichtigste Medium, da man die Geräte günstig erwerben und betreiben kann, Sender in den lokalen Sprachen berichten und keine Lesekenntnisse vorausgesetzt werden. Allerdings diskutiert der Hörfunk häufig Schlagzeilen und Meldungen aus der Presse. Somit fungiert die Presse aufgrund ihrer *Agenda-Setting*-Funktion als Leitmedium. Sie ist darüber hinaus das Medium der urbanen Elite.

Die ghanaische Presselandschaft teilt sich anhand der Eigentümerschaft in staatliche und private Zeitungen. Das Ziel dieser Studie war es diese beiden Zeitungsarten miteinander hinsichtlich ihres Journalismusverständnisses und ihrer politischen Linie zu vergleichen. Des Weiteren wurden die Ursachen für diese Unterschiede analysiert. Dazu wurden vier verschiedene quantitative und qualitative Methoden – Inhaltsanalyse, quantitative Journalistenbefragung, teilnehmende Beobachtung und qualitative Befragung – angewandt um ein möglichst umfassendes Bild zu erhalten.

In demokratischen Entwicklungsländern existieren meist zwei verschiedene Vorstellungen von Journalismus. Im Entwicklungsjournalismus unterstützen die Medien vorrangig Staat und Bevölkerung bei der nationalen Entwicklung. Aus diesem Grund stehen entwicklungsrelevante Themen im Vordergrund der Berichterstattung, kontroverse Themen werden vermieden, um die Stabilität des Landes nicht zu gefährden. Da erst die Kolonialmächte Massenmedien in den subsaharischen Staaten eingeführt haben, wurden die Medien westlichen Vorstellungen entsprechend konzipiert, weshalb auch das westliche Journalismusverständnis in diesen Staaten präsent ist. Diesem zufolge haben die Medien keine zentrale Aufgabe, sondern gehen je nach redaktioneller Vorgabe verschiedenen Zielen nach. Dazu zählen beispielsweise die Bevölkerung zu informieren oder die politischen und gesellschaftlichen Akteure als Vierte Gewalt zu kontrollieren.

Das zentrale Ergebnis dieser Studie ist, dass die staatlichen Zeitungen zum Entwicklungsjournalismus tendieren, während die privaten Zeitungen den Journalismus westlicher Prägung präferieren. Das zeigt sich vor allem darin, dass die staatliche Presse häufiger über Entwicklungsthemen berichtet und Konflikte zu vermeiden sucht, während sich die private Presse auf politische und unterhaltsame Themen konzentriert. Dabei spricht sie häufig Kontroversen und Konflikte an. Außerdem sind die staatlichen Zeitungen regierungsfreundlich eingestellt, wohingegen die privaten Zeitungen mehrheitlich zu Gunsten der aktuellen Oppositionspartei NPP berichten. Somit fügt sich die ghanaische Presselandschaft in die Muster anderer Pressesysteme im subsaharischen Afrika ein.

Die Hauptursache für diese Unterschiede liegt in der Medienstruktur begründet, die sich seit der Demokratisierung 1992 unter der Regierung Rawlings' etabliert hat. Mit dem Beginn der vierten Republik und dem friedlichen Übergang von der Militärdiktatur zur Demokratie wurde auch die Lizenzpflicht für Presseerzeugnisse aufgehoben. Da die staatlichen Zeitungen von der NDC-Regierung als Verlautbarungsorgane genutzt wurden und die Opposition dort keinen Platz fand, berichteten die neu gegründeten privaten Zeitungen aus Sicht der Oppositionsparteien, wobei die NPP die mit Abstand wichtigste war. Der Wahlsieg der NPP unter Kufuor 2000 änderte nichts Grundlegendes an diesem zentralen Strukturmerkmal. Die Zeitungen näherten sich zwar einander an, indem die staatlichen Zeitungen sich für die Opposition öffneten und auch die privaten Zeitungen wie z. B. der *Chronicle* ausgewogener berichteten, die zentralen Merkmale sind aber weiterhin vorhanden. Diese klare politische Ausrichtung der Zeitungen zeugt von einem hohen politischen Parallelismus, weshalb das ghanaische Pressewesen als polarisiert-pluralistisches Mediensystem entsprechend der Klassifikation von HALLIN/MANCINI (2004) beschrieben werden kann.

Besonders die Ergebnisse der Journalistenbefragung zeigen, dass sich diese Charakteristika in Zukunft tendenziell manifestieren und stabilisieren werden, da Journalisten eher bei Zeitungen arbeiten, deren politischen Linien ihren eigenen Überzeugungen nahe stehen. Allerdings gilt dies nicht für das Journalismusverständnis, denn die befragten Journalisten sehen keinen Widerspruch in den beiden Vorstellungen, so dass sich hier eine weitere Annäherung abzeichnen könnte.

Die beschriebene Presselandschaft birgt einen Nachteil, da sie sich nur während einer NDC-Regierung in einem publizistischen Gleichgewicht befindet. Im Falle einer NPP-Regierung fände sich der NDC in der Presselandschaft kaum wieder. Lediglich die auflageschwächsten Zeitungen – *Daily Democrat* und *Daily Post* – würden seine Perspektive widerspiegeln, da die staatlichen Zeitungen generell der Regierung und die anderen privaten Zeitungen der NPP nahe stehen. Die Presse könnte in diesem Fall nicht zu einer umfassenden Meinungsbildung beitragen. Um das Ungleichgewicht zu verringern, wurden während der NPP-Regierung Kufuors der *Democrat* und die *Post* gegründet.

Diese Studie konzentriert sich auf die überregionalen Tageszeitungen und ihre Inhalte, Rahmenbedingungen, Struktur, Organisation und Akteure. Die Zeitungsleser und andere Medienrezipienten wurden lediglich am Rande erwähnt, jedoch liegen gerade über sie nur wenige Studien und Untersuchungen vor, so dass die Medienwirkungsforschung hier wertvolle Erkenntnisse liefern könnte. Besonders der Wahlkampf ist dabei von Interesse, da sich die publizistische Aktivität und auch die Nachfrage nach Informationen in dieser Zeit wesentlich steigern.

Sinnvoll wäre eine Ausdehnung dieser Studie auf andere Medien, insbesondere auf den Hörfunk, denn gerade dieser weist eine wesentlich höhere Reichweite als die Tageszeitungen auf. Dabei wären vor allem ländliche Gebiete interessant, da diese Regionen von der Presse weitestgehend ignoriert werden und sich neue Radiosender gerade dort im Aufschwung befinden.

Diese Studie beschreibt mit Ghana ein einzelnes Land. Aufgrund der unterschiedlichen Forschungsdesigns anderer Studien ist es oftmals schwer mehrere Einzelfallstudien miteinander zu vergleichen. Aus diesen Grund wäre es sinnvoll mehrere demokratische Staaten des subsaharischen Afrikas in einer vergleichenden Studie zu analysieren.

Die Medien- und Kommunikationswissenschaften haben Afrika südlich der Sahara lange Zeit nicht beachtet, weshalb es auch heute noch unterforscht ist. Jedoch haben sich die politischen und damit einhergehend die Mediensysteme in einigen Ländern besonders im südlichen Afrika stabilisiert und demokratisiert, was Forschung in diesen Ländern erleichtert. Es ist daher an der Zeit die Forschung über die afrikanischen Mediensysteme zu intensivieren. Diese Studie soll dazu einen Beitrag leisten.

# Literatur


1992 Constitution of the Republic of Ghana (1996).

Aggarwala, Narinder K. (1979). What is Development News? *Journal of Communications*, 29 (2), 180–181.

Akerlof, George A. (1970). The Market for "Lemons": Quality Uncertainty and the Market Mechanism. *The Quarterly Journal of Economics*, 84 (3), 488–500.

Akpatsa, Joyce Bernadette (2003). *Professional Ethics in the Ghanaian Press: A Comparitive Study of News Coverage in the Daily Graphic and the Ghanaian Chronicle*. Unveröffentlichte *Graduate-Diploma*-Arbeit. Legon (Ghana): University of Ghana.

Alexa Internet (2011). *Top Sites in Ghana: The top 100 sites in Ghana*. http://www.alexa.com/topsites/countries;0/GH (Geladen am 23. 11. 2011).

Altmeppen, Klaus-Dieter (2004). Theorien zur Analyse der Beziehungen von Journalismus und Ökonomie. In: Löffelholz, Martin (Hrsg.), *Theorien des Journalismus: Ein diskursives Handbuch*. 2., vollständig überarbeitete und erweiterte Auflage. Wiesbaden: VS Verlag für Sozialwissenschaften, 503–515.

Altschull, J. Herbert (1984). *Agents of Power: The Role of the News Media in Human Affairs*. New York, London: Longman.

Amamoo, Joseph Godson (2007). *Ghana: 50 Years of Independence*. Accra: Jafint Ent.

Amegatcher, Andrew (1998). *The Law of the Press: A Ghanaian Perspective*. Accra: Omega (Law) Publishing.

Amenumey, D. E. K. (2008). *Ghana: A Concise History from Pre-Colonial Times to the 20th Century*. Accra: Woeli Publishing Services.

Anas, Anas Aremeyaw (2011a). *The Dark Secrets Of Tema Harbour: ENEMIES OF THE NATION*. http://www.modernghana.com/news/314711/1/the-dark-secrets-of-tema-harbour-enemies-of-the-na.html (Geladen am 23. 11. 2011).

– (2011b). *'My kind of journalism'*. http://www.aljazeera.com/programmes/africainvestigates/2011/11/20111107255236977.html (Geladen am 23. 11. 2011).

Andriantsoa, Pascal et al. (2003). *Les médias malgaches: floraison spontanée d'une ressource nationale*. http://www.ilo.cornell.edu/images/mediaver6.pdf (Geladen am 23. 11. 2011).

Ansu-Kyeremeh, Kwasi & Audrey Gadzekpo (1996). *Who reads the newspapers, why and for what?: A Ghanaian readership survey*. Legon (Ghana): University of Ghana.

Aryeetey, Ernest & Ravi Kanbur (2008). Ghana's Economy at Half-Century: An Overview of Stability, Growth & Poverty. In: Dies. (Hrsg.), *The Economy Of Ghana: Analytical Perspectives on Stability, Growth & Poverty*. Suffolk, Accra: James Currey, Woelfi Publishing Services, 1–19.

Asante, Clement E. (1996). *The Press in Ghana: Problems and Prospects*. Lanham (Md.), New York, London: University Press of America.

Asare, George (2009). *The Media Liberalization and Democracy: Experiences from Accra, Ghana*. Online veröffentlichte Master-Arbeit (http://hdl.handle.net/10037/2394). Tromsø (Norwegen): University of Tromsø.

Ayee, Joseph R. (2000). Organisation du pouvoir politique sous Rawlings. In: Toulabor, Comi M. (Hrsg.), *Le Ghana de J. J. Rawlings*. Paris: Éditions Karthala, 77–98.

Azeem, Vitus A. (2009). Ghana. In: Transparency International (Hrsg.), *Global Corruption Report 2009: Corruption and the Private Sector*. Cambridge (UK): Cambridge University Press, 180–184.

Balima, Serge Théophile (2003). L'accès à l'information : réception et consommation des messages. In: Ders. & Marie-Soleil Frère (Hrsg.), *Médias et Communication sociales au Burkina Faso: Approche socio-économique de la circulation de l'information*. Paris, Budapest, Turin: L'Harmattan, 161–222.

Beyer, Andrea & Petra Carl (2004). *Einführung in die Medienökonomie*. Konstanz: UVK Verlagsgesellschaft.

Boadu-Ayeboafoh, Yaw (2001). Media and the 2000 Elections. In: Electoral Commission of Ghana (Hrsg.), *Elections 2000*. Accra: Electoral Commission of Ghana, Friedrich Ebert Foundation, 63–75.

Bourgault, Louise M. (1995). *Mass Media in Sub-Saharan Africa*. Bloomington (Ind.), Indianapolis: Indiana University Press.

British Broadcasting Corporation (2008). *Deal to end Kenyan crisis agreed*. http://news.bbc.co.uk/2/hi/africa/7344816.stm (Geladen am 23. 11. 2011).

Burkart, Roland (2002). *Kommunikationswissenschaft: Grundlagen und Problemfelder – Umrisse einer interdisziplinären Sozialwissenschaft*. 4., überarbeitete und aktualisierte Auflage. Wien, Köln, Weimar: Böhlau Verlag.

Commonwealth Observer Group (2009). *Ghana Parliamentary and Presidential Elections 7 December 2008 and Presidential Run-Off Election 28 December 2008*. London: Commonwealt Secretariat.

Daily Guide (2010). *Daily Guide Visit To Rawlings Causes Stir.* http://www.modernghana.com/news/264382/1/daily-guide-visit-to-rawlings-causes-stir.html (Geladen am 23. 11. 2011).

Debrah, Aaron Osei (2004). *Press Coverage of Government in 1998 and 2002 by Selected Ghanaian Newspapers.* Unveröffentlichte Master-Arbeit. Legon (Ghana): University of Ghana.

Djankov, Simeon et al. (2003). Who Owns the Media? *Journal of Law and Economics*, 46, 341–381.

Domatob, Jerry Komia & Stephen William Hall (1983). Development Journalism in Black Africa. *International Communication Gazette*, 31 (9), 9–33.

Domenico-de-ga (2006). *politische Karte Ghanas.* http://commons.wikimedia.org/wiki/File:Ghana-karte-politisch.png?uselang=de (Geladen am 23. 11. 2011).

Donsbach, Wolfgang (1982). *Legitimationsprobleme des Journalismus: Gesellschaftliche Rolle der Massenmedien und berufliche Einstellung von Journalisten.* Freiburg im Breisgau, München: Verlag Karl Alber.

Dudenredaktion (2010). *Duden: Fremdwörterbuch.* 10., aktualisierte Auflage. Duden Band 5. Mannheim, Zürich: Dudenverlag.

Durverger, Maurice (1980). A New Political System Model: Semi-Presidential Government. *European Journal of Political Research*, 8 (2), 165–187.

Edeani, David O. (1993). Role of development journalism in Nigeria's development. *International Communication Gazette*, 52, 123–143.

Electoral Commission of Ghana (2008). *2008 Results Summary.* http://www.ec.gov.gh/node/134 (Geladen am 23. 11. 2011).

Eriksen, Thomas Hylland (1994). *Ethnicity and Nationalism: Anthropological Perspectives.* London, Boulder (Colo.): Pluto Press.

Esser, Frank (1998). *Die Kräfte hinter den Schlagzeilen: Englischer und deutscher Journalismus im Vergleich.* Freiburg im Breisgau, München: Verlag Karl Alber.

European Union Election Observation Mission (2009). *Final Report Ghana: Presidential and Parliamentary Elections 2008 February 2009.* Brüssel: European Commission.

Foster, William et al. (2004). Global Diffusion of the Internet IV: The Internet in Ghana. *Communications of the Association for Information Systems*, 13, 654–681.

Freedom House (2011a). *Freedom of the Press 2010 Global Rankings: Table of Global Press Freedom Rankings.* http://www.freedomhouse.org/template.cfm?page=560&year=2010 (Geladen am 23. 11. 2011).

– (2011b). *Ghana (2010).* http://www.freedomhouse.org/template.cfm?page=251&year=2010 (Geladen am 23. 11. 2011).

Frère, Marie-Soleil (2000). *Presse et démocratie en Afrique francophone: Les mots et les maux de la transition au Bénin et au Niger*. Paris: Karthala.

– (2003). L'entreprise médiatique au Burkina Faso : organisation et fonctionnement. In: Balima, Serge Théophile & Dies. (Hrsg.), *Médias et Communication sociales au Burkina Faso: Approche socio-économique de la circulation de l'information*. Paris, Budapest, Turin: L'Harmattan, 17–160.

– (2005). Une presse au milieu des milices. In: Dies. (Hrsg.), *Afrique centrale: Médias et conflits: Vecteurs de guerre ou acteurs de paix*. Brüssel: GRIP, 183–196.

– (2009). *Élections et médias en Afrique centrale: Voie des urnes, voix de la paix ?* Paris: Éditions Karthala.

Frühschütz, Jürgen (2004). *Horizont Medien-Lexikon*. Frankfurt/Main: Deutscher Fachverlag.

Gadzekpo, Audrey (1997). The Media and the 1996 Elections. In: Badu, Kwasi Afriyie & John Larvie (Hrsg.), *Elections '96 in Ghana - Part II*. Accra: Electoral Commission of Ghana, Friedrich Ebert Foundation, 57–71.

Galtung, Johan & Mari Holmboe Ruge (1965). The Structure of Foreign News: The Presentation of the Congo, Cuba and Cyprus Crises in Four Norwegian Newspapers. *Journal of Peace Research*, 2, 64–90.

Gehrau, Volker (2002). *Die Beobachtung in der Kommunikationswissenschaft: Methodische Ansätze und Beispielstudien*. Konstanz: UVK Verlagsgesellschaft.

Gemegah, Samson Kwami & Yvette Agyemang (2009). *Report of Survey of Newspaper Vendors and Buyers: Survey Area: Accra Central Business District*. Accra: National Media Commission.

Ghana Center for Democratic Development (2001). *Media Coverage of the 2000 Elections: A Report on Media Coverage of Election 2000 (May 2000-January 2001)*. CDD-Ghana Research Paper. Accra: Ghana Center for Democratic Development.

Ghana Journalists Association (1994). *Code of Ethics of Ghana Journalists Association*. Accra: Ghana Journalists Association.

Ghana News Agency (2001). *Criminal Code Amendment Bill Before Parliament*. http://www.ghanaweb.com/GhanaHomePage/NewsArchive/artikel.php?ID=16237 (Geladen am 23. 11. 2011).

– (2009). *GJA condemns Daily Guide story on paedophile as "indecent, racist"*. http://www.modernghana.com/news/237656/1/gja-condemns-daily-guide-story-on-paedophile-as-in.html (Geladen am 23. 11. 2011).

– (2010). *About GNA*. http://www.ghananewsagency.org/aboutgna/about-gna/ (Geladen am 23. 11. 2011).

Ghana Statistical Service (2005). *2000 Population & Housing Census of Ghana: Demographic, Economic And Housing Characteristics: Total Country*. Accra: Ghana Statistical Service.

Ghana Statistical Service (2007). *Ghana in Figures 2008*. Accra: Ghana Statistical Service.

GhanaWeb (2011). *Radio*. http://www.ghanaweb.com/GhanaHomePage/communication/radio.php (Geladen am 23. 11. 2011).

Giffard, C. Anthony, Arnold S. de Beer & Elanie Steyn (1997). New Media for the New South Africa. In: Eribo, Festus & William Jong-Ebot (Hrsg.), *Press Freedom and Communication in Africa*. Trenton (NJ), Asmara (Eritrea): Africa World Press, 75–99.

Graphic Communications Group (o. J.). *Journalistic Policy Guide*. Accra: Graphic Communications Group.

Guri, Ben (2005). *Report on Ghana 2004 Elections*. http://www.kas.de/wf/doc/kas_7161-1522-2-30.pdf?050928113914 (Geladen am 23. 11. 2011).

Hallin, Daniel C. & Paolo Mancini (2004). *Comparing Media Systems: Three Models of Media and Politics*. Cambridge (UK): Cambridge University Press.

Hasty, Jennifer (2005). *The Press and Political Culture in Ghana*. Bloomington (Ind.): Indiana University Press.

Heath, Carla W. (1997). Communication and Press Freedom in Kenya. In: Eribo, Festus & William Jong-Ebot (Hrsg.), *Press Freedom and Communication in Africa*. Trenton (NJ), Asmara (Eritrea): Africa World Press, 29–50.

Heinrich, Jürgen (2001). *Medienökonomie: Band 1: Mediensystem, Zeitung, Zeitschrift, Anzeigenblatt*. 2., überarbeitete und aktualisierte Auflage. Wiesbaden: Westdeutscher Verlag.

Herskovits, Melville J. (1930). The Culture Areas of Africa. *Africa: Journal of the International African Institute*, 3 (1), 59–77.

Institute of Statistical, Social and Economic Reasearch (2009). *The State of the Ghanaian Economy in 2008*. Legon (Ghana): Institute of Statistical, Social, Economic Reasearch.

International Commission for the Study of Communication Problems (1981). *Many Voices, One World: Towards a new more just and more efficient world information and communication order*. Paris: UNESCO.

International Foundation for Electoral Systems (2010). *ElectionGuide*. http://www.electionguide.org/country.php?ID=83 (Geladen am 23. 11. 2011).

International Labour Organization (2011). *Key Indicators of the Labour Market*. http://kilm.ilo.org/KILMnetBeta/default2.asp (Geladen am 23. 11. 2011).

International Monetary Fund (2010). *World Economic Outlook Database.* http://www.imf.org/external/pubs/ft/weo/2010/01/weodata/index.aspx (Geladen am 23. 11. 2011).

– (2011). *World Economic Outlook Database.* http://www.imf.org/external/pubs/ft/weo/2011/01/weodata/index.aspx (Geladen am 23. 11. 2011).

International Telecommunication Union (2011). *ICT Statistics Database.* http://www.itu.int/ITU-D/icteye/Indicators/Indicators.aspx (Geladen am 23. 11. 2011).

Janowitz, Morris (1975). Professional Models in Journalism: the Gatekeeper and the Advocate. *Journalism Quarterly*, 52, 618–626.

Johnstone, John W. C., Edward J. Slawski & William W. Bowman (1972). The Professional Values of American Newsmen. *The Public Opinion Quarterly*, 36 (4), 522–540.

Jones-Quartey, K. A. B. (1974). *A Summary History of the Ghana Press: 1822–1960.* Accra: Ghana Information Services Department.

Kahlcke, Jan (1999). *Politische Kommunikation in Uganda.* Arbeiten aus dem Institut für Afrika-Kunde 104. Hamburg: Institut für Afrika-Kunde.

Kiefer, Marie-Luise (1997). Ein Votum für eine publizistikwissenschaftlich orientierte Medienökonomie. *Publizistik*, 42 (1), 54–61.

Kipphan, Helmut (2000). Übersicht zu den Technologien. In: Ders. (Hrsg.), *Handbuch der Printmedien: Technologien und Produktionsverfahren.* Berlin, Heidelberg, New York: Springer, 605–617.

Kivikuru, Ullamaija (2005). The citizen, media and social change in Namibia: In: Hemer, Oscar & Thomas Tufte (Hrsg.), *Media and Glocal Change.* Buenos Aires, Göteburg: CLACSO, NORDICOM, 325–333.

Kleinsteuber, Hans J., Volkert Wiesner & Peter Wilke (1991). Public Broadcasting im internationalen Vergleich: Analyse des gegenwärtigen Stands und Szenarien einer zukünftigen Entwicklung. *Rundfunk und Fernsehen*, 39 (1), 33–54.

Kleinsteuber, Hans J. & Torsten Rossmann (1994). *Europa als Kommunikationsraum: Akteure, Strukturen und Konfliktpotentiale.* Opladen: Leske + Budrich.

Krennerich, Michael (1999). Ghana. In: Nohlen, Dieter, Ders. & Bernhard Thibaut (Hrsg.), *Elections in Africa: A Data Handbook.* Oxford: Oxford University Press, 423–446.

Kunczik, Michael (1986). »Development Journalism« – ein neuer Journalismustypus? *Publizistik*, 31, 262–277.

– (1988). *Concepts of journalism North and South.* Bonn: Friedrich-Ebert-Stiftung.

Köcher, Renate (1985). *Spürhund und Missionar: Eine vergleichende Untersuchung über Berufsethik und Aufgabenverständnis britischer und deutscher Journalisten.* Dissertation. München: Universität München.

Legatum Institute (2010). *2010 Legatum Prosperity Index Report: Methodology, Data, Findings, and Country Profiles.* London: Legatum Institute.

Lentz, Carola & Paul Nugent (2000). Ethnicity in Ghana: a comparative perspective. In: Dies. (Hrsg.), *Ethnicity in Ghana: The Limits of Invention.* Houndsmills (UK), New York: Palgrave Macmillian, 1–28.

Lichterbeck, Philipp (2005). *Wie viel Kritik darf sein?: „BNN" kündigen Redakteurin nach Bericht über Lidl.* http://www.tagesspiegel.de/medien-news/Medien;art290,1986609 (Geladen am 23. 11. 2011).

Luhmann, Niklas (1994). *Soziale Systeme: Grundriß einer allgemeinen Theorie.* 5. Auflage. Frankfurt am Main: Suhrkamp.

Marcinkowski, Frank (1993). *Publizistik als autopoietisches System: Politik und Massenmedien: Eine systemtheoretische Analyse.* Opladen: Westdeutscher Verlag.

Mattern, Klaus, Thomas Künstner & Markus Zirn (1998). Fernsehsysteme im internationalen Vergleich. In: Hamm, Ingrid (Hrsg.), *Fernsehen auf dem Prüfstand: Aufgaben des dualen Rundfunksystems; Internationale Studien im Rahmen der Kommunikationsordnung 2000.* 2. überarbeitete Auflage. Gütersloh: Verlag Bertelsmann Stiftung.

McQuail, Denis (1994). *Mass Communication Theory.* Third Edition. London, Thousand Oaks (Calif.), Neu-Delhi: Sage Publications.

Meyer, Philip (1991). *The New Precision Journalism.* Bloomington (Ind.), Indianapolis: Indiana University Press.

Ministry of Finance & Economic Planning (2010). *Appendices for 2011 Budget Statement and Economic Policy.* http://www.mofep.gov.gh/documents/2011_appendix_tables.xls (Geladen am 23. 11. 2011).

Morrison, Minion K. C. (2004). Political Parties in Ghana through Four Republics: A Path to Democratic Consolidation. *Comparative Politics*, 36 (4), 421–442.

Mwesige, Peter G. (2004). Disseminators, Advocates and Watchdogs: A Profile of Ugandan Journalists in the New Millennium. *Journalism*, 5 (1), 69–96.

Märlender, Petra (2000). *Die Bedeutung der Presse im Transitionsprozeß Südafrikas.* Arbeiten aus dem Institut für Afrika-Kunde 108. Hamburg: Institut für Afrika-Kunde.

National Communications Authority (2010). *List of authorised VHF-FM stations in Ghana.* http://www.nca.org.gh/downloads/LIST_OF_VHF-FM_IN_GHANA%20_DECEMBER%2009.pdf (Geladen am 23. 11. 2011).

National Media Commission (2000). *Guidelines for Political Reporting.* Accra: National Media Commission.

– (2001). *Report on Media Coverage of Political Parties – Election 2000.* Accra: National Media Commission.

– (2005). *2005 Annual Report.* Accra: National Media Commission.

– (2006). *Ghana Media Review.* Accra: National Media Commission.

– (o. J.). *Broadcasting Standards.* Accra: National Media Commission.

New Era Publications (2008). *About Us: Who, what is New Era?* http://www.newera.com.na/aboutus.php (Geladen am 23. 11. 2011).

Noelle-Neumann, Elisabeth (1979). *Öffentlichkeit als Bedrohung: Beiträge zur empirischen Kommunikationsforschung.* 2. durchgesehene Auflage. Freiburg im Breisgau, München: Verlag Karl Alber.

Nohlen, Dieter & Franz Nuscheler (1992). Was heißt Entwicklung? In: Dies. (Hrsg.), *Handbuch der Dritten Welt: Band 1: Grundprobleme – Theorien – Strategien.* 3., völlig neu bearbeitete Auflage. Bonn: Dietz, 55–75.

NordNordWest (2008). *Positionskarte von Ghana.* http://commons.wikimedia.org/wiki/File:Ghana_location_map.svg (Geladen am 23. 11. 2011).

NuclearVacuum (2010). *A global map of the world, with all the sovereign states that are under 20,000 km² in area represented by a circle.* http://upload.wikimedia.org/wikipedia/commons/archive/8/8c/20100625164735!BlankMap-World-Microstates.svg (Geladen am 23. 11. 2011).

Nugent, Paul (2001). Ethnicity as an Explanatory Factor in the Ghana 2000 Elections. *African Issues*, 29 (1/2), 2–7.

Nukunya, G. K. (2003). *Tradition and Change in Ghana: An Introduction to Sociology.* Second Edition. Accra: Ghana Universities Press.

Nuscheler, Franz (2004). *Lern- und Arbeitsbuch Entwicklungspolitik.* 5., völlig neu bearbeitete Auflage. Bonn: Dietz.

Ojo, Emmanuel O. (2003). The Mass Media and the Challenges of Sustainable Democratic Values in Nigeria: Possibilities and Limitations. *Media Culture Society*, 25, 821–840.

Olukoyun, Ayo (2004). Media Accountability and Democracy in Nigeria, 1999-2003. *African Studies Review*, 47 (3), 69–90.

Osae-Asare, Emmanuel (1979). The Ghana Press and National Development: A Comparative Content Analysis of Development News in the National Daily Newspapers and the Wire Service, April — September 1976. In: Lent, John A. & John V. Vilanilam (Hrsg.), *The Use of Development News: Case studies of India, Malaysia, Ghana and Thailand.* Singapur: Amic, 72–90.

o. V. (2008). Change, yes, change we can, but which direction? *The Chronicle*, 18 (48), 4.

Palmer, Allen W. (1997). Reinventing the Democratic Press of Benin. In: Eribo, Festus & William Jong-Ebot (Hrsg.), *Press Freedom and Communication in Africa*. Trenton (NJ), Asmara (Eritrea): Africa World Press, 243–261.

Quebral, Nora C. (1977). Development Communication. In: Jamias, Juan F. (Hrsg.), *Readings in Development Communication*. Second Printing. Los Baños (Philippinen): University of the Philippines at Los Baños, 1–11.

Ramaprasad, Jyotika (2001). A Profile of Journalists in Post-Independence Tanzania. *International Communication Gazette*, 63 (6), 539–555.

Reporters Without Borders (2011a). *Ghana*. http://en.rsf.org/report-ghana,1 9.html (Geladen am 23. 11. 2011).

– (2011b). *Press Freedom Index 2010*. http://en.rsf.org/press-freedom-index-20 10,1034.html (Geladen am 23. 11. 2011).

Rosen, Jay (2000). *What Are Journalists For?* New Haven (Conn.), London: Yale University Press.

Rössler, Patrick (2005). *Inhaltsanalyse*. Konstanz: UVK Verlagsgesellschaft.

Samuelson, Paul A. & William D. Nordhaus (1998). *Volkswirtschaftslehre: Mit einem Vorwort von Carl Christian von Weizsäcker*. 15. Auflage. Wien, Frankfurt/Main: Ueberreuter.

Schmidle, Nicholas (2010). *Smuggler, Forger, Writer, Spy*. http://www.theatlantic.com/magazine/archive/2010/11/smuggler-forger-writer-spy/8267/ (Geladen am 23. 11. 2011).

Schmidt, Manfred G. (1995). *Wörterbuch zur Politik*. Stuttgart: Alfred Kröner Verlag.

Scholl, Armin & Siegfried Weischenberg (1998). *Journalismus in der Gesellschaft*. Opladen, Wiesbaden: Westdeutscher Verlag.

Schulz, Winfried (1990). *Die Konstruktion von Realität in den Nachrichtenmedien: Analyse der aktuellen Berichterstattung*. 2., unveränderte Auflage. Freiburg im Breisgau: Alber.

– (2009). Nachricht. In: Noelle-Neumann Elisabeth, Ders. & Jürgen Wilke (Hrsg.), *Fischer Lexikon: Publizistik Massenkommunikation*. Aktualisierte, vollständig überarbeitete und ergänzte Auflage. Frankfurt/Main: Fischer, 359–396.

Servaes, Jan & Patchanee Malikhao (2005). Participatory communication: the new paradigm? In: Hemer, Oscar & Thomas Tufte (Hrsg.), *Media and Glocal Change*. Buenos Aires, Göteburg: CLACSO, NORDICOM, 91–103.

Siebert, Fred S., Theodore Peterson & Wilbur Schramm (1963). *Four Theories of the Press: The Authoritarian, Libertarian, Social Responsibility and Soviet Communist Concepts of What the Press Be and Do*. Urbana (Ill.): University of Illinois Press.

Sjurts, Insa (2004). *Gabler Lexikon Medienwirtschaft.* 1. Auflage. Wiesbaden: Gabler Verlag.

Spradley, James P. (2007). *Participant Observation.* London: Wadsworth, Thomson Learning.

The Constitution of the Republic of Uganda, 1995 (2005).

The National Media Commission Act (Act 499) (1993).

Thomaß, Barbara (2007). Public Service Broadcasting. In: Dies. (Hrsg.), *Mediensysteme im internationalen Vergleich.* Konstanz: UVK Verlagsgesellschaft, 76–90.

Ubink, Janine M. (2008). Traditional Authority Revisited: Popular Perceptions of Chiefs and Chieftaincy in Peri-Urban Kumasi, Ghana. In: Dies. (Hrsg.), *In the Lands of the Chiefs: Customary Law, Land Conflicts, and the Role of the State in Peri-Urban Ghana.* Leiden: Leiden University Press, 135–164.

Ubink, Janine M. & Julian F. Quan (2008). How to combine tradition and modernity?: Regulating customary land management in Ghana. *Land Use Policy*, 25, 198–213.

United Nations Development Programme (2010a). *Ghana: Country profile of human development indicators.* http://hdrstats.undp.org/en/countries/profiles/GHA.html (Geladen am 23. 11. 2011).

– (2010b). *HDR 2010 Statistical Tables.* http://hdr.undp.org/en/media/HDR_2010_EN_Tables_rev.xls (Geladen am 23. 11. 2011).

– (2010c). *Human Development Report 2010: The Real Wealth of Nations: Pathways to Human Development.* Houndsmills (UK), New York: Palgrave Macmillian.

U. S. Census Bureau (2010). *International Data Base (IDB).* http://www.census.gov/ipc/www/idb/informationGateway.php (Geladen am 23. 11. 2011).

Weiland, Heribert (1992). Demokratie und nationale Entwicklung in Namibia: Eine Zwischenbilanz nach zweieinhalb Jahren Unabhängigkeit. *Africa Spectrum*, 27 (3), 273–301.

Whitfield, Lindsay (2009). 'Change for a Better Ghana': Party Competition, Institutionalization and Alternation in Ghana's 2008 Elections. *African Affairs*, 108 (433), 621–641.

Wiio, Osmo A. (1983). The Mass Media Role in the Western World. In: Martin, L. John & Anju Grover Chaudhary (Hrsg.), *Comparative Mass Media Systems.* New York: Longman, 85–94.

Wilke, Jürgen (1984). *Nachrichtenauswahl und Medienrealität in vier Jahrhunderten: eine Modellstudie zur Verbindung von historischer und empirischer Publizistikwissenschaft.* Berlin: de Gruyter.

– (2003). Pressegeschichte. In: Noelle-Neumann, Elisabeth, Winfried Schulz & Ders. (Hrsg.), *Das Fischer Lexikon: Publizistik, Massenkommunikation*. 2. Auflage. Frankfurt/Main: Fischer, 460–492.

– (2008). *Grundzüge der Medien- und Kommunikationsgeschichte: Von den Anfängen bis ins 20. Jahrhundert*. 2., durchgesehene und ergänzte Auflage. Köln, Weimar, Wien: Böhlau Verlag.

Wilkins, Karin Gwinn (2008). Development Communication. In: Donsbach, Wolfgang (Hrsg.), *The International Encyclopedia of Communications*. Volume III. Malden (Mass.), Oxford, Carlton (Australien): Blackwell, 1229–1242.

Williamson, Kay & Roger Blench (2000). Niger-Congo. In: Heine, Bernd & Derek Nurse (Hrsg.), *African Languages: An Introduction*. Cambridge (UK): Cambridge University Press, 11–42.

Wimmer, Jeffrey & Susanne Wolf (2005). Development journalism out of date?: An analysis of its significance in journalism education at African universities. *Münchener Beiträge zur Kommunikationswissenschaft*, 3 (3), 1–12.

Wittmann, Frank (2007). *Medienkultur und Ethnographie: Ein transdisziplinärer Ansatz mit einer Fallstudie zu Senegal*. Cultural Studies Band 29. Bielefeld: transcript Verlag.

World Association of Newspapers and News Publishers (2007). *Ghana: Media Market Discription*. http://www.wan-press.org/worldpresstrends2010/download.php?type=pdf&file_name=Ghana2007 (Geladen am 23. 11. 2011).

World Bank (2011a). *Country and Lending Groups*. http://data.worldbank.org/about/country-classifications/country-and-lending-groups (Geladen am 23. 11. 2011).

– (2011b). *Country Classifications*. http://data.worldbank.org/about/country-classifications (Geladen am 23. 11. 2011).

Yamada, Ken'ichi (2004). NHK Disaster Reporting Yesterday and Today. In: Okamoto, Takashi (Hrsg.), *Disaster Reporting and the Public Nature of Broadcasting: On the occasion of the 50th anniversary of television broadcasting in Japan*. Tokio: NHK Broadcasting Culture Research Institute, 1–24.

Zaffiro, James J. (1993). Mass Media, Politics and Society in Botswana: The 1990s and Beyond. *Africa Today*, 40 (1), 7–25.

# Anhang

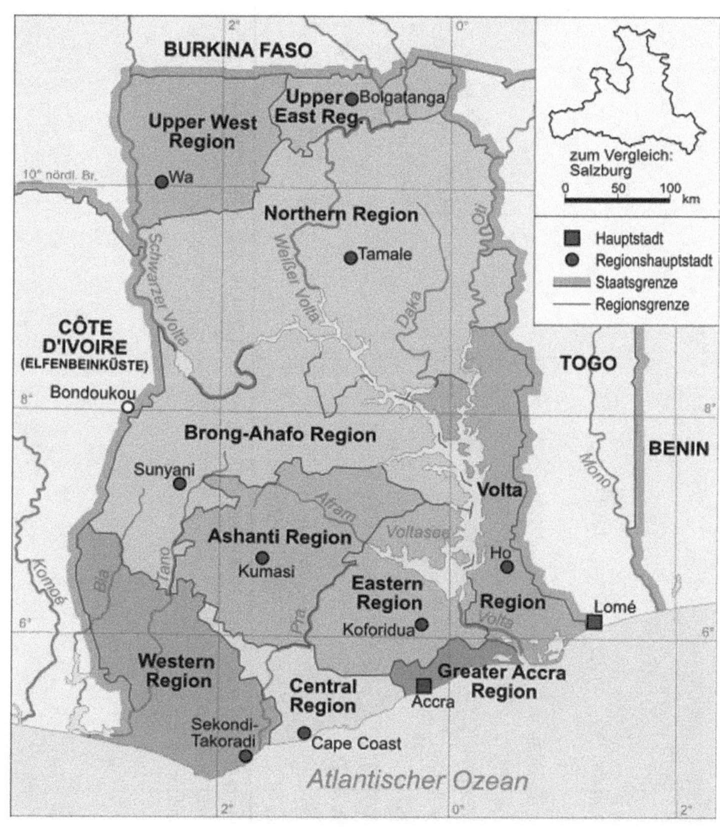


Quelle: Domenico-de-ga 2006.



Abbildung A.1: Politische Karte Ghanas

| | Präsidentschaftswahlen (% der Stimmen) | | | | | Parlamentswahlen (% der Sitze) | | | | |
|---|---|---|---|---|---|---|---|---|---|---|
| | Nkrumah | | Danquah/Busia | | Andere | Nkrumah | | Danquah/Busia | | Andere |
| 1951[a] | | | | | | 89,5 | (CPP) | 7,9 | (UGCC) | 2,7 |
| 1954[a] | | | | | | 69,2 | (CPP) | 1,0 | (GCP) | 29,8 |
| 1956[a] | | | | | | 68,3 | (CPP) | 11,5 | (NLM) | 20,2 |
| 1960[b] | 89,1 | (Nkrumah/CPP) | 10,9 | (Danquah/UP) | | | | | | |
| 1969[c] | | | | | | 20,7 | (NAL) | 75,0 | (UP) | 4,3 |
| 1979[d] | 35,3 | (Limann/PNP) | 29,9 | (Owusu/PFP) | 34,8 | 50,7 | (PNP) | 33,6 | (PFP) | 15,7 |
| 1979[d,f] | 62,0 | (Limann/PNP) | 38,0 | (Owusu/PFP) | | | | | | |
| 1992[e] | 58,4 | (Rawlings/NDC) | 30,3 | (Boahen/NPP) | 11,4 | 94,5 | (NDC) | | | 5,5 |
| 1996[e] | 57,4 | (Rawlings/NDC) | 39,7 | (Kufuor/NPP) | 3,0 | 66,5 | (NDC) | 30,5 | (NPP) | 3,0 |
| 2000[e] | 44,3 | (Mills/NDC) | 49,5 | (Kufuor/NPP) | 6,2 | 46,2 | (NDC) | 49,7 | (NPP) | 4,0 |
| 2000[e,f] | 43,1 | (Mills/NDC) | 56,9 | (Kufuor/NPP) | | | | | | |
| 2004[e] | 44,6 | (Mills/NDC) | 52,5 | (Kufuor/NPP) | 2,9 | 39,1 | (NDC) | 56,1 | (NPP) | 3,0 |
| 2008[e] | 47,9 | (Mills/NDC) | 49,1 | (Akufo-Addo/NPP) | 3,0 | 50,0 | (NDC) | 46,9 | (NPP) | 3,1 |
| 2008[e,f] | 50,2 | (Mills/NDC) | 49,8 | (Akufo-Addo/NPP) | | | | | | |

Quellen: 1951-54: Amenumey 2008: 208–209, 213; 1956–1996: Krennerich 1999: 432, 435, 437; 2000–2008: Electoral Commission of Ghana 2008; International Foundation for Electoral Systems 2010.

**a** Gesetzgebende Versammlung der Goldküste.

**b** 1. Republik.

**c** 2. Republik.

**d** 3. Republik.

**e** 4. Republik.

**f** Stichwahl.

Abbildung A.2: Wahlen in Ghana seit 1951 nach politischen Traditionen

| Kategorie | Übereinstimmungsreliabilität (%) |
|---|---|
| Umfang der Seite | 99 |
| Umfang des Beitrags[a] | 92 |
| Platzierung | 95 |
| Identifizierbarkeit | 97 |
| Journalistische Darstellungsform | 92 |
| Quelle des Artikels | 98 |
| Thema | 92 |
| Ort in Ghana | 76 |
| Nation | 95 |
| Ethnozentrismus | 74 |
| Akteur | 88 |
| Relevanz | 65 |
| Konflikt | 84 |
| Schaden | 81 |
| Erfolg | 81 |
| Personalisierung | 73 |
| Tendenz | 69 |
| Skandalisierung | 97 |
| Darstellung politischer Akteure[b] | 66 (82[c]) |

**a** Im Pretest wurden Text und dazugehörige Abbildungen eines Artikels getrennt codiert. Der hier dargestellte Wert gibt den Mittelwert der beiden Reliabilitätskoeffizienten an.

**b** Die drei Kategorien des Kapitels »Darstellung politischer Akteure« wurden zusammengefasst.

**c** Identifikationsreliabilität.

Abbildung A.3: Reliabilität der Codierung nach Holsti

| Zeitung | Datum | Ausgabe |
|---|---|---|
| *Daily Graphic* | Montag, 15. 06. 2009 | 17 943 |
| | Dienstag, 30. 06. 2009 | 17 956 |
| | Mittwoch, 22. 07. 2009 | 17 974 |
| | Donnerstag, 30. 07. 2009 | 17 981 |
| | Freitag, 07. 08. 2009 | 17 988 |
| *Ghanaian Times* | Montag, 15. 06. 2009 | 156 742 |
| | Dienstag, 30. 06. 2009 | 156 753 |
| | Mittwoch, 22. 07. 2009 | 156 772 |
| | Donnerstag, 30. 07. 2009 | 156 779 |
| | Freitag, 07. 08. 2009 | 156 786 |
| *Chronicle* | Montag, 15. 06. 2009 | 18/175 |
| | Dienstag, 30. 06. 2009 | 18/186 |
| | Mittwoch, 22. 07. 2009 | 18/202 |
| | Donnerstag, 30. 07. 2009 | 18/208 |
| | Freitag, 07. 08. 2009 | 18/214 |
| *Daily Guide* | Montag, 15. 06. 2009 | 140/09 |
| | Dienstag, 30. 06. 2009 | 153/09 |
| | Mittwoch, 22. 07. 2009 | 172/09 |
| | Donnerstag, 30. 07. 2009 | 179/09 |
| | Freitag, 07. 08. 2009 | 186/09 |

Abbildung A.4: Ausgewählte Zeitungen der Inhaltsanalyse

# Stichwortverzeichnis

Zeitungen, Zeitschriften und Rundfunkanstalten sind *kursiv* gesetzt. *Kursiv* gesetzte Seitenzahlen zeigen an, dass sich auf dieser Seite oder innerhalb dieses Bereichs Abbildungen befinden.

*ibidem*-Verlag
Melchiorstr. 15
D-70439 Stuttgart
info@ibidem-verlag.de

www.ibidem-verlag.de
www.ibidem.eu
www.edition-noema.de
www.autorenbetreuung.de

Zeitfracht Medien GmbH
Ferdinand-Jühlke-Straße 7
99095 Erfurt, Deutschland
produktsicherheit@kolibri360.de